Susan Taylor & Ana Merino

Catalogue of Business Phrases

Spanish ↔ English   English ↔ Spanish

ANGLO DIDACTICA
PUBLISHING

Impreso en España.
Printed in Spain.

ISBN: 84-95959-18-6
Depósito legal: M-17081-2004

Anglo-Didáctica Publishing
Santiago de Compostela, 16,
28034 Madrid – Spain.
Tel: +34 91 378 01 88

PRESENTACION

En esta obra se han recogido más de 4.500 frases y expresiones bilingües español-inglés / inglés-español, que son de gran utilidad para desenvolverse en el mundo de los negocios, bien en situaciones inter-personales o a la hora de desempeñar tareas de comunicación escrita.

Se trata de proporcionar al usuario una gran variedad de frases, completas o parciales, que puedan ser aplicadas en distintos momentos de la actividad profesional: presentaciones, reuniones, negociaciones, contextos sociales, etc.

La obra se divide en dos partes: 1) Referencia español-inglés y 2) Referencia inglés-español. Las fra-ses se presentan ordenadas alfabéticamente por la primera letra, con la particularidad de que en la segunda parte del libro (referencia inglés-español) se ha suprimido la partícula "to" del verbo inglés por razones prácticas y a fin de facilitar al lector la búsqueda de la expresión deseada.

PRESENTATION

This catalogue contains over 4,500 bilingual phrases and expressions Spanish-English / English-Spanish), which may be of use to professionals in the business world both in interpersonal situations where the spoken language is needed and when preparing written communications.

The reader will find a wide variety of phrases, complete and partial, which can be applied across a range of contexts encountered during the course of his or her professional activity: Presentations, Meetings, Negotiations, Social situations, etc.

The book has two sections: 1) Spanish-English and 2) English-Spanish. The phrases appear in alphabetical order, based on the first letter of the phrase. However, in the second section (English-Spanish) where the phrase begins with an infinitive, the particle "to" has been removed in order to facilitate the search for the required expression.

Español ↔ Inglés

A

A buen precio At a good price.

A cambio de In exchange for / In return for.

A continuación (como se detalla) As follows.

A continuación (en un escrito) Below.

A continuación (seguidamente) Next.

A continuación voy a describir Next I'm going to describe.

A corto plazo In the short term.

A excepción de With the exception of.

A favor de In favour of.

A finales de enero At the end of January.

A gran escala On a large scale.

A instancias de alguien At someone's request.

A intervalos On and off.

A intervalos regulares At regular intervals.

A la atención del Sr. X For the attention of Mr X.

A la derecha On the right.

A la hora de decidir la estrategia When deciding on a strategy.

A la hora de vender un producto When you come to sell a product.

A la hora prevista At the scheduled time.

A la izquierda On the left.

A la mayor brevedad As soon as possible.

A la venta For sale.

A largo plazo In the long term.

A nivel directivo At a managerial level.

A mi entender To my way of thinking / To my mind.

A partir de ahora From now on.

A pequeña escala On a small scale.

A petición de alguien At someone's request.

A portes pagados Post free / Free postage.

A primera hora de la mañana First thing in the morning.

A primera vista At first sight.

A primeros de junio At the

beginning of June.

A propósito (de paso) By the way.

A prueba On trial.

A puerta cerrada Behind closed doors.

A punto de hacer algo About to do something.

A qué hora le paso a recoger al hotel? What time shall I pick you up at the hotel?

A qué hora puedo localizarle? What time can I reach him?

A qué hora sale el último vuelo para Miami? What time is the last flight to Miami?

A qué hora suele llegar a la oficina? What time does he usually get to the office?

A quién van a nombrar para el puesto? Who will they appoint to the post?

A su debido tiempo In due time / In due course.

A su disposición At your service.

A tiempo completo Full time.

A todos los niveles At all levels.

A última hora At the last moment.

A últimos de mayo Towards the end of May.

A vuelta de correo By return of post.

Abajo indicado Indicated below.

Abandonar una idea To give up an idea.

Abanico de posibilidades Range of possibilities.

Abonar en cuenta To pay into an account.

Abonar una factura mediante transferencia bancaria To settle an invoice by bank transfer.

Abordar la preparación de un plan de negocios To look into the preparation of a business plan.

Abordar los objetivos de futuro To touch on future objectives.

Abrir nuevos canales de distribución To open up new distribution channels.

Abrir una cuenta corriente en el banco To open a current account at the bank.

Absorber las pérdidas de la filial To absorb losses made by the subsidiary.

Acabamos de recibir otra solicitud de información We have just received another enquiry.

Acabar algo To bring something to an end / To finish something.

Acabar de conocer las nuevas restricciones To have just heard about new restrictions.

Acaparar el mercado To corner the market.

Acceder a recursos To have access to resources.

Aceptamos sus condiciones de entrega We accept your delivery terms.

Aceptar el nombramiento To accept the nomination.

Aceptar una invitación To accept an invitation.

Aceptar una oferta de adquisición To accept a takeover bid.

Aceptar una propuesta To accept a proposal.

Acepte mis disculpas, por favor Please accept my apologies.

Acepto con mucho gusto I am very pleased to accept.

Acerca de lo dicho Relating to what has been said / In relation to what was said.

Acerca de qué es la reunión? What's the meeting about?

Acercar una silla To draw up a chair / To pull up a chair.

Aclarar dudas To clear up doubts.

Aclararse la garganta To clear one's throat.

Acompañado de alguien Accompanied by someone.

Acompañar a alguien a la salida To show someone out.

Acompañarle a alguien al mostrador de facturación To take someone to the check-in desk.

Acordar hacer algo To agree to do something.

Acordarse de algo To remember something.

Acordarse de alguien To remember someone.

Acortar el discurso To cut the speech short.

Activar el mercado To stimulate the market.

Actuar en representación de To act for.

Actuar inmediatamente To act immediately.

Actuar precipitadamente To act hastily.

Acudir a la oficina To go to the office.

Acudir a una cita To keep

an appointment / To turn up for an appointment.

Acudir a una entrevista To go to an interview.

Acuerdo de recompra Repurchase agreement.

Acuerdo sobre algo Agreement on something.

Acusamos recibo de su carta de fecha We thank you for your letter dated.

Acusar recibo de To acknowledge receipt of.

Acuse de recibo Acknowledgment of receipt.

Adaptarse a los deseos del cliente To adapt to customer requirements.

Adelantar el pago To advance payment.

Además de In addition to / Besides / As well as.

Además de eso Besides that / Furthermore.

Adjuntamos la lista de precios actual We enclose our current price list.

Adjuntamos nuestro catálogo actualizado Please find enclosed our latest catalogue.

Adjuntar una copia To enclose a copy / To attach a copy.

Adjunto enviamos las siguientes facturas We enclose the following invoices.

Adjunto enviamos una muestra de nuestros productos We attach a sample of our products.

Adjunto envío un cheque a favor de X por importe de 90 euros I enclose a cheque, made payable to X, for 90 euros.

Adjunto les envío mi CV Please find enclosed my CV / I enclose my CV.

Administrar un presupuesto de 100 millones de euros To manage a budget of 100 million euros.

Admitir devoluciones de la mercancía dentro de un plazo To accept return of goods within a specified time limit.

Admitir varias interpretaciones To be open to various interpretations.

Adoptar estrategias adecuadas To adopt appropriate strategies.

Adquirir experiencia To gain experience.

Adquirir una conocida marca por un importe no revelado To buy a well-known trademark for an undisclosed sum.

Aferrarse a una opinión To stick to an opinion.

Afrontar las consecuencias To face up to the consequences.

Afrontar los retos del futuro To face the challenges of the future.

Afrontar una situación To face up to a situation.

Agente comercial Commercial agent.

Agobiado de trabajo Overloaded with work.

Agotadas las existencias Sold out / Out of stock.

Agotársele algo (a alguien) To run out of something.

Agradecemos su interés por nuestros productos Thank you for your interest in our products.

Agradecer a alguien algo To thank someone for something.

Agradecer por adelantado To thank in advance.

Agradeceríamos su colaboración en We would appreciate your collaboration in.

Agradeciéndoles su atención Thank you for

your attention.

Ahora damos paso a Now we'll go on to.

Ahora le paso con su ayudante I'm putting you through to her assistant.

Ahora mismo Right now / Right away.

Ahorrar dinero / tiempo To save money / time.

Aislar una cosa de otra To separate one thing from another.

Ajuste de precios Price adjustment.

Ajustes por inflación Cost of living adjustment.

Al analizar los resultados del cuestionario On analysing the results of the questionnaire.

Al comienzo At the beginning / At the start.

Al comparar las cifras de dos trimestres distintos When comparing figures over two different quarters.

Al comparar los resultados de dos años consecutivos On comparing the results of two consecutive years.

Al corriente Up to date.

Al día siguiente The following day.

Al final del año At the end

of the year.

Al final del día At the end of the day.

Al final del ejercicio econó-mico At the end of the financial year.

Al frente de (a cargo de) In charge of.

Al igual que sucede Just as happens.

Al mismo tiempo At the same time.

Al momento At once.

Al parecer Apparently.

Al recibo del pedido On receipt of your order.

Al revés (al contrario) The other way round.

Al revés (lo de arriba, abajo) Upside down.

Al revés (lo de dentro, fuera) Inside out.

Al revés (lo de detrás, delante) Back to front.

Al revés de lo que dicen Contrary to what they say.

Al salir de la oficina On leaving the office.

Al tipo de cambio vigente At the current rate of exchange.

Alargarse demasiado To go on too long.

Albarán de entrega Delivery note.

Alcanzar la máxima rentabilidad To achieve top profitability.

Alcanzar la media To reach the average.

Alcanzar los requisitos mínimos To reach minimum requirements.

Alcanzar un acuerdo To reach an agreement.

Alcanzar un crecimiento del 20% para este año To achieve 20% growth this year.

Alcanzar un objetivo To reach an objective.

Algún comentario que hacer sobre esto? Have you got any comments to make on this?

Alojarse en un hotel To stay at a hotel.

Alrededor de dos millones de euros About two million euros.

Ambas fechas compren-didas Both dates included.

Ambos días inclusive Both days included.

Ambos han acordado estrechar la cooperación Both have agreed to increase cooperation.

Amenazar con despidos masivos To threaten

massive layoffs.

Amortizar los equipos en un periodo de 5 años To depreciate machinery over 5 years.

Ampliar el límite de crédito To raise the credit limit.

Ampliar el negocio To expand the business.

Ampliar la red de distribución To extend the distribution network.

Análisis de las ventas Sales analysis.

Análisis de viabilidad Feasibility analysis.

Analizar la estructura To analyse the structure.

Analizar la situación económica To analyse the economic situation.

Analizar las cifras To analyse the figures.

Analizar los resultados de las encuestas recientes To analyse results from recent surveys.

Andar escasos de tiempo To be pressed for time.

Andarse por las ramas To beat about the bush.

Animar la conversación To liven up the conversation.

Anotar algo en un pequeño papel To write something down on a slip of paper.

Anotar en el expediente de uno To make a note on someone's record.

Ante alguien In someone's presence.

Ante todo debemos subrayar que First and foremost, we should stress that.

Antes de pasar a hablar sobre Before going on to talk about.

Antes de profundizar más en el tema Before going more deeply into the issue.

Antes de que usted prosiga Before you go on.

Antes de un mes Within a month.

Antes mencionado Above-mentioned.

Anunciar a un invitado To announce a guest.

Anunciar el cierre de algunas de las tiendas To announce the closure of some of the shops.

Anunciar nuevas medidas To announce new measures.

Anunciar un puesto de trabajo en el periódico To advertise a job in the newspaper.

Anunciarse en televisión un producto To advertise a product on television.

Anuncios por palabras Classified advertisements / Small ads.

Añadir una cosa a otra To add one thing to another.

Apagar la luz To switch the light off.

Apartarse demasiado del tema To get too far off the subject.

Apartarse para dejar pasar a alguien To move aside to let someone through.

Apenas le oigo I can hardly hear you.

Aplazar la fecha de una reunión To put back the date for a meeting.

Aplazar las negociaciones To put off negotiations.

Aplazar una cita / una reunión To postpone an appointment / a meeting.

Aportar algunas ideas al equipo To give some ideas to the team.

Aportar más datos To supply further details.

Aportar pruebas de eficacia To provide proof of effectiveness.

Apostar por la formación To advocate training.

Apoyar a alguien To back someone up.

Apoyar con estadísticas una afirmación To support a statement with statistics.

Apoyar un proyecto / una propuesta To back a project / a proposal.

Apreciar algo en su justo valor To appreciate something for its true value.

Apresurarse a hacer algo To hurry to do something.

Aprobar algo (dar el visto bueno) To approve something.

Aprobar algo (estar de acuerdo) To approve of something.

Aprobar por unanimidad la propuesta de fusión To approve the merger proposal unanimously.

Aprobar un presupuesto To approve a budget.

Aprovechar la ocasión To take advantage of the occasion.

Aprovechar la oportunidad para hacer algo To take the opportunity to do something.

Apuntar a algo (destacando) To point

something out.

Apuntar a algo (señalando) To point to something.

Apuntar algo (anotar) To write something down.

Apurado de tiempo Short of time / Tight for time.

Aquí hay algo que no entiendo There's something here I don't understand.

Aquí tenemos el organigrama de la empresa Here is the company's organization chart.

Arrastrar un déficit desde hace años To have been trailing a deficit for quite a few years.

Arreglar un asunto To settle a matter.

Arreglárselas uno para hacer algo To manage to do something.

Arriba del todo Right at the top.

Artículo de primera necesidad Staple commodity.

Ascender a (una suma) To amount to / To add up to.

Ascenso por antigüedad Promotion through seniority.

Asesoramiento legal Legal advice.

Asesoramiento técnico Technical advice.

Asignar fondos To allocate funds.

Asistir a las negociaciones To attend the negotiations.

Asistir a un curso intensivo To attend an intensive course.

Asistir a una presentación / una reunión To attend a presentation / a meeting.

Asociarse con alguien To associate with someone / To team up with someone.

Aspirar a mucho To aim high / To be a high-flier.

Asumir el cargo de To take the job on.

Asumir el riesgo To accept (the) risk.

Asumir la responsabilidad de algo To accept responsibility for something.

Asumir pérdidas To assume losses.

Asunto concluido! So there's an end to it!

Asuntos pendientes Pending matters / Outstanding business.

Atender a alguien (prestarle atención) To attend someone.

Atender a razones To listen

to reason.

Atender el teléfono To answer the phone.

Atenerse a las reglas To keep to the rules.

Atrasarse en los pagos To get into arrears.

Atreverse a decir To dare to say.

Atribuir algo a To attribute something to.

Atribuir el éxito a algo To attribute success to something.

Auge del mercado de los juegos de ordenador Boom in the computer games market.

Aumentar la gama de productos To increase the product range.

Aumentar la productividad To increase productivity.

Aumentar la rentabilidad To increase profitability.

Aumentar las cifras de ventas To increase the sales figures.

Aumentar los costes fijos To raise fixed costs.

Aumentar los márgenes de beneficio To increase sales margins.

Aumentar los precios para conseguir ganancias a corto plazo To raise prices to make short term profits.

Aumento de beneficios en un 2% A 2% rise in profits / A 2% profit increase.

Aumento de beneficios Profit rise.

Aumento en los costes de distribución Increase in distribution costs.

Aun más rápidamente Even faster.

Aunar esfuerzos con To join forces with.

Ausente de la reunión Absent from the meeting.

Autorizar a alguien a hacer algo To authorize someone to do something.

Aventurarse a decir que To dare to say that.

Averiguar algo To find something out.

Avisar (advertir) a alguien To warn someone.

Avisar (comunicar) a alguien To let someone know.

Avisar a alguien con dos días de antelación To let someone know two days in advance.

Ayudar a alguien a hacer algo To help someone (to) do something.

B

Bajar de precio To fall in price / To come down in price.

Bajar el precio de venta To reduce the sales price.

Bajar la mano To put one's hand down.

Bajar las persianas To draw down the blinds.

Bajo la dirección de Under the management of.

Bajo la responsabilidad de uno Under one's responsibility.

Bajo ningún concepto Under no circumstances / On no account.

Bajo nivel de satisfacción del usuario Low level of user satisfaction.

Basándose en On the basis of / Basing oneself on.

Basar las estadísticas en hechos demostrables To base statistics on proven facts.

Basarse en algo To base oneself on something.

Batir un récord To break a record / To beat a record.

Beneficiar a los clientes con hipoteca To benefit mortgage holders.

Beneficiarse de una serie de fuentes de financiación To benefit from a range of financial sources.

Beneficios anuales Annual profits.

Boca abajo Face down.

Boca arriba Face up.

Borrar la pizarra To clean the whiteboard.

Borrar una palabra de la pizarra To rub a word off the whiteboard.

Brindemos por el éxito del proyecto! Let's drink a toast to the success of the project!

Buscamos un distribuidor en su país para nuestros productos We are looking for a distributor for our products in your country.

Buscar a alguien To look for someone.

Buscar algo To look for something.

Buscar distintas formas de organización del trabajo To seek new ways of

17

organizing work.

Buscar el respaldo de To seek the backing of.

Buscar nuevas fórmulas de financiación To look for new ways of financing.

Buscar nuevos canales de distribución To look for new distribution channels.

Buscar por medio de un anuncio To advertise for.

Buscar trabajo To look for work / To look for a job.

C

Cada columna sombreada representa Each shaded column represents.

Cada dos días Every other day / On alternate days.

Cada fila en la tabla muestra las cifras anuales Each row in the table shows the yearly figures.

Cada vez mejor Better and better.

Cada vez peor Worse and worse.

Cadena de montaje Assembly line.

Caer en la cuenta de que To realize that.

Caída de las ventas Drop in sales.

Calculando por lo bajo At the lowest estimate.

Calcular el coste de algo To work out the cost of something.

Calcular el gasto en 600€ To estimate the expense as being 600 euros.

Calcular los costes por unidad To calculate unit costs.

Calcular los gastos de reestructuración To calculate the costs of restructuring.

Calcular un 10% To calculate 10%.

Cambiar de estrategia To change strategy.

Cambiar de opinión To change one's mind.

Cambiar de proveedor To change supplier.

Cambiar la estructura de la división internacional To change the structure of the international division.

Cambiar los términos To alter the terms.

Cambiar una cosa por otra To change one thing for

another.

Campaña de publicidad para el próximo trimestre Advertising campaign over the next quarter.

Campaña publicitaria Advertising campaign.

Canales de distribución Distribution channels.

Cancelar la reserva de un hotel To cancel a hotel booking.

Cancelar la reunión del martes To cancel Tuesday's meeting.

Cancelar un pedido To cancel an order.

Cancelar una reunión To call off a meeting / To cancel a meeting.

Candidato a un puesto de trabajo Applicant for a post.

Cara de pocos amigos Unfriendly expression / Sour face.

Carecer de una fuente de datos apropiada To lack an appropriate source of data.

Cargar con la responsabilidad To take the responsibility.

Cartera de clientes Client portfolio.

Casi nunca Hardly ever.

Casi siempre Nearly always.

Causar buena / mala impresión To make a good / a bad impression.

Causar molestias To cause trouble.

Centrarse en el punto principal de la reunión To concentrate on the main issue of the meeting.

Centros de formación Training centers.

Ceñirse a la cuestión To keep to the point.

Cerrado en agosto por vacaciones Closed in August for holidays.

Cerrar por vacaciones To close for holidays.

Cerrar un trato To close a deal.

Cerrar una fábrica To close down a factory.

Cerrar una venta To close a sale.

Certificar una carta To register a letter.

Cesar de hacer algo To stop doing something.

Cheque sin fondos Bad cheque.

Ciclo comercial Business cycle.

Cifras comparativas de un año a otro Comparative figures year on year.

Cinco de cada veinte Five out of twenty.

Circunstancias ajenas a mi voluntad Circumstances beyond my control.

Citar un ejemplo To give an example.

Citarse con alguien To make an appointment with someone.

Clarificar dudas sobre To clear up doubts regarding.

Clientes potenciales Potential customers.

Cobrar el sueldo To get paid.

Cobrar un cheque To cash a cheque.

Cobrar un sueldo mensual To earn a monthly wage.

Cobrar una comisión del 10% To charge 10% commission.

Codearse con alguien To rub shoulders with someone.

Código de barras Bar code.

Código de referencia de un producto Product reference code.

Coger el teléfono To pick up the phone.

Colaborar en proyectos de ingeniería To work on engineering projects.

Colgar el teléfono To hang up / To put the phone down.

Comentar algo To comment on something / To talk about something.

Comenzar con un análisis de la campaña de publicidad To begin with an analysis of the advertising campaign.

Comenzar la reunión de hoy To begin today's meeting.

Comenzar por el principio To begin at the beginning.

Comenzar por hacer algo To begin by doing something.

Comenzar una guerra de precios To start a price war.

Comer algo To have something to eat.

Comer de pie To eat standing up.

Comer en un restaurante To have lunch at a restaurant.

Comer entre horas To eat between meals.

Comerciante mayorista Wholesaler.

Comerciante minorista Retailer.

Comerciar con algo To deal in something.

Comercio al por mayor Wholesale trade.

Comercio al por menor Retail trade.

Comercio exterior Foreign trade.

Comercio interior Home trade.

Cometer un error al sumar las cifras To make a mistake when adding up the figures.

Cometer un error en la contabilidad To make an accounting mistake.

Comida de negocios Business lunch.

Como asesor As a consultant.

Como consecuencia del aumento del número de competidores As a consequence of the rising number of competitors.

Como contestación a In reply to.

Como de costumbre As usual.

Como decía antes As I said before.

Como es fácil de compren-der As may be easily seen.

Como es habitual As usual.

Cómo está usted? How do you do?

Cómo ha dicho que se llama? What's your name again?

Cómo lo organizamos la última vez? How did we arrange matters last time?

Como muestra el diagrama As the graph shows.

Como parte de la campaña de publicidad de este año As part of this year's advertising campaign.

Como parte de otra estrategia comercial As part of another sales strategy.

Como puede ver en el CV adjunto As you can see from the attached CV.

Como pueden ver en este gráfico de barras As you can see from this bar chart.

Como respuesta By way of an answer / In response to.

Como resultado de As a result of.

Como se acordó As agreed.

Cómo se deletrea su nombre? How do you spell your name?

Como se ha dicho antes
As previously said.

Como se indicó anterior-mente Just as previously indicated.

Como se ve aquí As you can see here.

Como se ve en el esquema As seen from the diagram.

Como se ve en este ejemplo As seen in this example.

Como se ve en la ilustra-ción As shown in the illustration.

Como si dijéramos As if to say.

Como siempre As usual.

Como sigue As follows.

Como último recurso As a last resort.

Como ya se indicó en el gráfico anterior As was already shown on the previous chart.

Comparar algo con el mismo periodo del año anterior To compare something over the same period the previous year.

Comparar una cosa con otra To compare one thing with another.

Compartir la misma opinión To share the same

view.

Compensar la reducción de precios To compensate for the reduction in prices.

Competencia desleal Unfair competition.

Competir con alguien To compete against someone.

Competir en igualdad con To compete on equal terms with.

Complacer a alguien To please someone.

Comprar a plazos To buy on credit / To buy on hire purchase.

Comprar a prueba To buy on approval.

Comprar al contado To pay cash for something.

Comprar al por mayor To buy wholesale / To buy in bulk.

Comprar al por menor To buy retail.

Comprender el significado de algo To understand the meaning of something.

Comprender que es el sistema de distribución lo que falla To understand that it is the distribution system that is at fault.

Comprendo su punto de vista I appreciate your

point of view.

Comprometerse a hacer algo To commit oneself to doing something.

Comunicado de prensa Press release.

Comunicar el orden del día a los participantes To let participants know the agenda.

Comunicar los resultados de la votación To announce the voting results.

Con acuse de recibo Return receipt requested.

Con anterioridad Beforehand / Previously.

Con anticipación In advance / In good time.

Con arreglo a According to / In accordance with.

Con bastante frecuencia Quite often.

Con conocimiento de causa With due consideration.

Con el debido respeto, debo decirle que With all due respect, I have to tell you that.

Con el fin de For the purpose of.

Con el objetivo de With the aim of.

Con el propósito de For the

purpose of / In order to.

Con el tiempo In the course of time / In time.

Con este fin To this end / With this aim.

Con este motivo For this reason.

Con excepción de With the exception of.

Con gusto With pleasure.

Con interés With interest.

Con la condición de que On condition that.

Con la excepción de Except for.

Con la intención de hacer algo With the intention of doing something.

Con la mayor brevedad As soon as possible.

Con mucha anticipación Long beforehand / Far in advance.

Con mucho gusto With great pleasure.

Con objeto de In order to.

Con ocasión de On the occasion of.

Con otras palabras In other words.

Con plena autoridad With full authority.

Con poca antelación At short notice.

Con qué antelación puedo

facturar el equipaje? How early can I check in my baggage?

Con qué frecuencia? How often?

Con quién dijo que quería hablar? Who did you say you wanted to speak to?

Con quién hablo, por favor? Who is calling, please?

Con quién podría hablar sobre este tema? Who could I speak to about this matter?

Con referencia a nuestra última conversación telefónica With reference to our last telephone call.

Con referencia a su carta de fecha With reference to your letter dated.

Con relación a With relation to / In relation to.

Con respecto a With respect to / With regard to / In connection with.

Con respecto a esto In this connection / In this respect.

Con su permiso With your permission / If I may.

Con tal de que Provided that / As long as.

Con toda franqueza Quite frankly.

Con toda probabilidad In all probability.

Con toda sinceridad In all sincerity.

Con todas las especificaciones With all specifications.

Con varios años de experiencia en el sector With several years' experience in the sector.

Con vistas a hacer algo With a view to doing something.

Conceder importancia a algo To attach importance to something.

Concentrarse en (hacer) algo To concentrate on (doing) something.

Concertar una cita con alguien To make an appointment with someone.

Concertar una cita para el viernes día seis To make an appointment for Friday the sixth.

Concluir con un repaso de los beneficios obtenidos To finish up with a review of profits.

Condiciones de venta Conditions of sale.

Condiciones negociables Negotiable conditions.

Conducir a un abaratamiento To lead to a reduction.

Conducir al siguiente punto To lead on to the next point.

Conectar con To connect with.

Conferencia muy concurrida Well-attended conference.

Confiamos en haberles sido de utilidad We hope to have been of help to you.

Confiamos en que We feel sure that.

Confirmar la asistencia a una reunión To confirm attendance at a meeting.

Confirmar la duración del vuelo a Miami To confirm the flight time to Miami.

Confirmar la fecha de la reunión To confirm the date of the meeting.

Confirmar la hora del vuelo a Boston To confirm the time of the flight to Boston.

Confirmar la reserva de un vuelo To confirm a flight reservation.

Confirmar una reserva de un hotel To confirm a hotel reservation.

Conforme a According to /

In accordance with.

Confundir a una persona con otra To mistake one person for another.

Confundir una cosa con otra To mistake one thing for another.

Conoce usted al Sr. X? Have you met Mr X?

Conocer a alguien To know someone.

Conocer a alguien de vista To know someone by sight.

Conocimiento de embarque Bill of lading.

Conseguir alcanzar una cuota de mercado del 12% To manage to gain a 12% market share.

Conseguir el control de la empresa To get control of the company.

Conseguir incrementar los resultados de ventas To manage to improve sales results.

Conseguir un buen trabajo To get a good job.

Conseguir un contrato To get a contract.

Conseguir un empleo To get a job / To find work.

Conseguir un trabajo por recomendación To get a job through contacts.

Consejo de administración
Board of directors.

Conservar los resguardos
To keep the receipts.

Considerándolo todo All in all.

Considerar la publicidad como inversión To consider advertising as an investment.

Consideremos ahora los aspectos financieros Let's now look at the financial aspects.

Consistir en To consist in.

Consolidar nuestra posición como proveedor de To consolidate our position as a supplier of.

Constar de To consist of.

Consultar con alguien To consult with someone.

Consultar con un abogado To seek legal advice.

Consumidor final End consumer.

Contactar con alguien To get in touch with someone.

Contamos con una nueva línea de productos We have a new product line.

Contar con alguien To count on someone.

Contar con fábricas repartidas por todo el mundo To own factories all over the world.

Contar con nuevos sistemas de gestión To have new management systems.

Contar con suficientes medios To have enough resources.

Contar con una buena organización To have a good organization.

Contar con una nueva gama de modelos To have a new range of models.

Contar con una sólida formación To be well qualified.

Contestar a una carta To answer a letter.

Contestar a una pregunta To answer a question.

Contestar a uno por escrito To answer someone in writing.

Contestar al teléfono To answer the telephone.

Contestar con poca educación To reply rudely.

Contestar con todo detalle To answer fully.

Contestar correctamente To answer correctly.

Contestar de forma

educada To answer politely.

Contestar por escrito To write an answer.

Contestar punto por punto To answer point by point.

Continuar algo To continue something.

Continuar con algo To go on with something.

Continuar haciendo algo To continue doing something.

Contraer deudas To run up debts.

Contrarreloj Against the clock.

Contratar a alguien To take someone on.

Contratar a alguien a tiempo parcial To employ someone part-time.

Contratar a un grupo de expertos To take on a group of experts.

Contratar los servicios de un agencia de caza-talentos To use a headhunter.

Contratar los servicios de una consultora To commission the services of a consulting company.

Contratar mano de obra To hire labour.

Convencer a alguien para que haga algo To persuade someone to do something.

Convenio colectivo Collective agreement.

Convocar a toda la gente To call everyone together.

Convocar una reunión To call a meeting.

Cooperar con alguien para hacer algo To collaborate with someone in doing something.

Corregir resultados gracias a un estudio posterior To correct results thanks to a later study.

Correr con los gastos To meet the expenses.

Correr el riesgo de To run the risk of.

Costes administrativos Administration costs.

Costes de adquisición Purchase costs.

Costes de almacenamiento Warehousing costs.

Costes de comercialización Costs of sales.

Costes de distribución Distribution costs.

Costes de fabricación Manufacturing costs.

Costes de mano de obra

Labour costs.

Costes de mantenimiento
Maintenance costs.

Costes de personal
Personnel costs.

Costes de producción
Production costs.

Costes de publicidad
Advertising costs.

Costes fijos Fixed costs.

Costes financieros
Financial costs.

Costes laborales Labour
costs.

Costes salariales Payroll
costs.

Crear dificultades To make
difficulties.

Crear puestos de trabajo
To create jobs.

**Crear un modelo operativo
centrado en el cliente** To
create a customer-led mode
of operations.

**Crecer mediante una
estrategia de diversi-
ficación** To grow through
a diversification strategy.

Crecimiento del negocio
Business growth.

**Crecimiento económico de
los países en vías de
desarrollo** Economic
growth in developing
countries.

**Crecimiento rápido
experimentado por la
empresa** Rapid company
growth.

**Creer necesario contar con
más medios** To consider
more resources (to be)
necessary.

**Cuál es el motivo de su
llamada?** What is your call
about? / What are you
calling about?

**Cuál es el número
correcto?** What's the right
number?

**Cuál es el prefijo para
llamar a Miami?** What's
the area code for Miami?

**Cuál es el teléfono para
llamar a un taxi?** What's
the number to call a taxi?

Cuál es la intención de?
What's the purpose of ?

**Cualquiera de los
productos de esta línea**
Any of the items in this
product line.

Cuándo estará libre? When
will he be available?

Cuándo expira el plazo?
When does it fall due? /
When is it due?

Cuándo puedo localizarle?
When can I reach him?

Cuanto antes mejor The

sooner the better.

Cuánto me alegro de verle! Wonderful to see you!

Cuánto siento no poder aceptar su invitación! I'm really sorry I can't accept your invitation!

Cuánto tiempo hace desde que? How long has it been since?

Cuánto tiempo hace que está usted en esta empresa? How long have you been in this company?

Cuánto tiempo hace? How long ago?

Cuánto tiempo? How long?

Cuántos empleados tiene la empresa? How many employees does the company have?

Cubrir una vacante To fill a vacancy.

Culpar a alguien de algo To blame someone for something.

Cumplir las órdenes de alguien To carry out someone's orders.

Cumplir los requisitos mínimos To meet minimum requirements.

Cumplir todos los requisitos para To meet all the requirements for.

Cumplir uno con su deber To do one's duty.

Cumplir uno su palabra To keep one's word.

Cuota de mercado Market share.

Cuota de mercado por sector Market share by sector.

Cupón de respuesta Reply coupon.

Cursé estudios en la Universidad I studied at University.

Cursos de formación Training courses.

D

Da igual Never mind / It doesn't matter / It makes no difference.

Dado que Given that.

Dar a alguien palmadas en la espalda To pat someone on the back.

Dar a alguien tiempo para hacer algo To give someone time to do something.

Dar a conocer algo To

make something known.

Dar algo por supuesto To take something for granted.

Dar comienzo a las negociaciones To begin negotiations.

Dar cuenta a alguien de To give someone an account of.

Dar detalles por teléfono To give details over the phone.

Dar el nombre y la dirección To give one's name and address.

Dar facilidades To make things easy.

Dar importancia a algo To stress something.

Dar instrucciones a alguien para que haga algo To instruct someone to do something.

Dar la aprobación a un presupuesto To approve a budget.

Dar la cara To face the consequences.

Dar la cara por alguien To stand up for someone.

Dar la enhorabuena a alguien por algo To congratulate someone on something.

Dar la impresión de que To give the impression that.

Dar la mano a alguien To shake hands with someone.

Dar la noticia To break the news.

Dar la razón a alguien To agree with someone.

Dar la voz de alarma sobre el creciente número de deudores To raise the alarm concerning the growing number of debtors.

Dar las gracias a alguien por algo To thank someone for something.

Dar lugar a una discusión To give rise to a discussion.

Dar luz verde a To give the green light to.

Dar marcha atrás (cambiar de parecer) To change one's mind.

Dar mucha importancia a algo To attach great importance to something.

Dar muestras de To show signs of.

Dar permiso a alguien para hacer algo To give someone permission to do something.

Dar por concluida la reunión To consider the meeting over.

Dar por terminada una

discusión To consider the discussion over.

Dar razón de algo To give information about something.

Dar un paso en falso To make a wrong move / To take a false step.

Dar una charla acerca de algo To give a talk about something.

Dar una cosa a cambio de otra To give one thing in exchange for another.

Dar una idea aproximada de To give a rough idea of.

Dar uno su opinión To give one's opinion.

Dar unos cursillos de contabilidad To take some short courses in accounting.

Darle a alguien tiempo para pensarlo To give someone time to think it over.

Darle alguien una semana para terminar un informe To give someone a week to finish a report.

Darle lo mismo a alguien To be all the same to someone.

Darse cuenta de la gravedad de la situación To realize the seriousness of the situation.

Darse cuenta de que To realize that.

Darse la mano To shake hands.

Darse por vencido To give up / To admit defeat.

Darse prisa To hurry up.

De acuerdo All right.

De acuerdo con In accordance with.

De acuerdo con alguien In agreement with someone.

De ahora en adelante From now on.

De antemano Beforehand / In advance.

De aquí en adelante From now on.

De calidad estándar Of standard quality.

De casualidad By chance.

De común acuerdo By common consent.

De conformidad con In agreement with / In accordance with.

De cualquier modo Anyway / Anyhow.

De cualquier otra manera In any other way.

De cuatro a cinco From four to five.

De distintas maneras In different ways.

De dos en dos Two by two /

Two at a time.
De dos maneras In two ways.
De esa forma In that way / Like that.
De forma distinta In a different way.
De forma tal In such a way.
De hecho In fact.
De hoy en adelante From this day onwards / From now on.
De hoy en ocho días A week today.
De hoy en una semana This time next week.
De huelga On strike.
De igual manera In the same way / Likewise.
De importancia Of importance.
De improviso Unexpectedly.
De la misma manera In the same way.
De la noche a la mañana Overnight.
De lado a lado From side to side.
De mal en peor From bad to worse.
De mañana en ocho días Tomorrow week.
De momento For the time being / At the moment.

De mutuo acuerdo By mutual agreement.
De negocios On business.
De oferta On special offer.
De palabra By word of mouth.
De parte de On behalf of / From.
De parte de quién, por favor? Who's calling, please?
De parte de todos los que trabajan aquí On behalf of all who work here.
De permiso On leave.
De primer orden First-rate / First-class.
De primera categoría First-rate / Luxury.
De pura casualidad Quite by accident.
De qué manera? In which way? / How?
De qué se trata? What is it about?
De servicio On duty.
De su proveedor habitual From your usual supplier.
De tal manera que In such a way that.
De todas formas Anyway.
De todas partes From far and wide.
De todo punto imposible Absolutely impossible.

De todos modos All the same / Anyway.

De un lugar a otro From one place to another.

De un momento a otro Any time now.

De una manera u otra By some means or other.

De una ojeada At a glance.

De vacaciones On holiday.

De vez en cuando From time to time.

De viaje On a journey / Away on a trip.

De visita On a visit.

Debemos considerar los efectos psicológicos de la publicidad We should consider the psychological effects of advertising.

Deben de haber dejado el teléfono descolgado They must have left the phone off the hook.

Deben precisarse los objetivos Objectives should be sharpened.

Deber dinero a alguien To owe someone money.

Deberse a los efectos de la inflación To be due to the effects of inflation.

Debido a la ausencia de competidores Due to the absence of competitors.

Debido a la escasez de materias primas Due to a shortage of raw materials.

Debido a la fuerte demanda de Due to the heavy demand for.

Debido a los elevados costes de obra de mano Due to high labour costs.

Debido a un retraso en la producción Due to a production delay.

Debo añadir que I should add that.

Decidir a quién nombrar Jefe de Compras To decide who to name as Purchasing Manager.

Decidir cuándo lanzar un producto To decide when to launch a product.

Decidir dónde se debe ubicar la nueva fábrica To decide where the new factory should be located.

Decidir hacer algo To decide to do something.

Decidir qué hacer con los despidos To decide what to do about the layoffs.

Decidirse por algo To decide on something.

Decir a alguien que haga algo To tell someone to do something.

Decir algo en favor de la red de ventas To say something in favour of the sales network.

Decir algo en voz baja To say something in a low voice.

Decir cuál es la diferencia entre una cosa y otra To tell the difference between one thing and another.

Decir la última palabra To have the last word.

Decir las cosas como son To say exactly how things stand.

Decir qué hacer en cuanto a To say what is to be done about.

Decirle a alguien cómo llegar To tell someone how to get somewhere.

Declaración de quiebra Act of bankruptcy.

Declararse en huelga To go on strike.

Dedicado a Dedicated to.

Dedicar todo el tiempo al trabajo To devote all one's time to work.

Dejar a alguien al margen To leave someone out.

Dejar a alguien que haga algo To allow someone to do something / To let

someone do something.

Dejar aparte / a un lado To leave aside.

Dejar de trabajar To leave off work / To stop working.

Dejar escapar una ocasión To let an opportunity go by / To miss one's chance.

Dejar pasar una oportunidad To let slip an opportunity.

Dejar un hueco To leave a gap / To leave a space.

Dejar un margen para gastos imprevistos To allow for unexpected expenses.

Dejar un recado To leave a message.

Dejar una propina de 10% del importe To leave a 10% tip.

Dejarse algo olvidado To leave something behind.

Dejarse convencer To let oneself be convinced.

Dejarse de rodeos To stop beating about the bush.

Deje su mensaje después de la señal Leave your message after the tone.

Del principio al fin From beginning to end.

Delante (en presencia) de alguien In someone's

presence.

Deletrear una palabra To spell a word.

Deliberar sobre un asunto To deliberate on a matter.

Demanda del mercado Market demand.

Demandar a alguien por daños y perjuicios To sue someone for damages.

Demasiado tiempo Too long.

Demorarse en hacer algo To take a long time in doing something.

Demostrar tener aptitud para los negocios To show good business sense.

Denegar una propuesta To reject a proposal.

Denominador común Common denominator.

Dentro de algunos años In a few years' time.

Dentro de cinco días In five days' time.

Dentro de lo posible As far as possible.

Dentro de lo razonable Within reason.

Dentro de media hora In half an hour's time.

Dentro de nada In no time at all.

Dentro de poco Before long.

Dentro de pocos minutos In a few minutes.

Dentro de un año In a year's time.

Dentro de un mes In a month's time.

Dentro de un momento In a moment.

Dentro de un rato In a little while.

Dentro de una hora In an hour's time.

Dentro de una media hora In about half an hour.

Dentro de una semana In a week's time.

Dentro de unos límites Within limits.

Departamento de Comercio Exterior Department of Foreign Trade.

Departamento de Compras Purchasing Department.

Departamento de Formación Training Department.

Departamento de Investigación y Desarrollo(I+D) Research and Development Department (R+D).

Departamento de Mantenimiento Maintenance Department.

Departamento de

Marketing Marketing Department.

Departamento de Pedidos Order Department.

Departamento de Personal Personnel Department.

Departamento de Producción Production Department.

Departamento de Publicidad Advertising Department.

Departamento de Recursos Humanos Human Resources Department.

Departamento de Ventas Sales Department.

Departamento Financiero Finance Department.

Departamento Técnico Technical Department.

Depender de To depend on.

Depender de la situación internacional To be dependent on the international situation.

Depender principalmente de To depend largely on.

Desaprobar algo To disapprove of something.

Desayuno de trabajo Working breakfast.

Descansar del trabajo To have a rest from work.

Descartar cualquier posibilidad de error To rule out any possibility of there being a mistake.

Descender del 14% al 10% en menos de un año To decrease from 14% to 10% in less than a year.

Descender (el beneficio bruto) To fall (the gross margin).

Descender ligeramente (un índice) To drop slightly (a ratio).

Descenso de los beneficios Profit decrease.

Descenso del tipo medio de interés A fall in the average interest rate.

Descolgar el auricular To lift the receiver.

Desconfiar de alguien (no fiarse) To distrust someone.

Desconfiar de alguien (sospechar) To suspect someone.

Descontento con algo / alguien Displeased with something / someone.

Desconvocar la huelga To call off the strike.

Descortés con alguien Impolite to someone.

Describir algo a alguien To describe something to

someone.

Descuento por compras al por mayor Discount for wholesale purchases.

Descuento por pago al contado Discount for cash payment.

Desde ahora en adelante From now on.

Desde aquel momento hasta ahora From then till now.

Desde cuándo? Since when?

Desde el comienzo From the beginning.

Desde el lunes (a partir del lunes) Starting on Monday.

Desde el lunes (pasado) Since Monday.

Desde el otro extremo From the other end.

Desde el primero al último From first to last.

Desde el principio From the beginning / Right from the start.

Desde el principio hasta el fin From the beginning to the end.

Desde el punto de vista de uno From one's point of view.

Desde entonces Since then.

Desde ese momento From that time on.

Desde ese punto de vista From that point of view.

Desde fuera From the outside / From outside.

Desde hoy From today.

Desde un punto de vista puramente económico From a purely economic standpoint.

Deseamos ofrecerles un servicio personalizado We look forward to providing a personalised service.

Desear a alguien buena suerte To wish someone good luck.

Deseo expresar mi total disconformidad con I should like to express my total disagreement with.

Desempeñar tareas en la área de marketing To work in marketing.

Desempeñar un papel To play a part.

Designar a alguien (para un puesto) To nominate someone.

Despachar asuntos con el gerente To settle matters with the manager.

Despedido por llegar tarde

Dismissed for being late.

Despedir a alguien (de un empleo) To dismiss someone.

Despedir a alguien sin previo aviso To dismiss someone without notice.

Despertar sospechas To arouse suspicion.

Despido improcedente Unlawful dismissal.

Despido injustificado Unfair dismissal.

Desprovisto de significado Devoid of meaning.

Después de algún tiempo After a time.

Después de la reunión After the meeting.

Después de una hora más o menos After an hour or so.

Después del trabajo After work.

Destacar algo To make something stand out.

Destacar en un campo concreto To stand out in a particular field.

Destacar la pujanza que ha cobrado el sector To highlight the current boom in the sector.

Desviarse del tema To get off the subject.

Determinar los objetivos a alcanzar To determine the objectives to be reached.

Devolver el dinero To pay back the money / To refund the money.

Devolver la llamada a alguien To call someone back.

Devolver la mercancía To return the goods.

Día de la semana Weekday.

Día de pago Pay day.

Día hábil Working day.

Día inhábil Non-working day.

Día laborable Working day.

Día libre Day off.

Día no laborable Holiday.

Dibujar un esquema To draw up a chart.

Dicho de otra forma To put it another way.

Dictar una carta a una secretaria To dictate a letter to a secretary.

Diferencia mínima respecto al año anterior Minimal change over the previous year.

Diferir de To differ from.

Diferir en muchos aspectos To differ in many ways.

Dígale que he llamado, por favor Please tell him I

called.

Dimitir como director comercial To resign from the job of sales manager.

Dinero en efectivo Cash.

Dirección de correo electrónico E-mail address.

Dirección del remitente Sender's address.

Dirección financiera Financial management.

Directivo de una empresa Company executive.

Director adjunto Assistant Manager.

Director Comercial Sales Manager.

Director de Comercio Exterior Foreign Trade Manager.

Director de Compras Purchasing Manager / Buyer.

Director de Departamento Head of Department.

Director de División Division Manager.

Director de fábrica Factory Manager.

Director de Formación Training Manager.

Director de Investigación y Desarrollo Research and Development Manager.

Director de Marketing Marketing Manager.

Director de Personal Personnel Manager.

Director de Producción Production Manager.

Director de Publicidad Advertising Manager.

Director de Recursos Humanos Human Resources Manager.

Director de Relaciones Institucionales Institutional Relations Manager.

Director de Relaciones Públicas Public Relations Manager.

Director de sucursal Branch Manager.

Director Financiero Financial Manager.

Director general Managing Director.

Dirigir las negociaciones To head the negotiations.

Dirigir un negocio To run a business.

Dirigir una carta To address a letter.

Dirigir una empresa To run a company.

Dirigir una línea de negocio To be in charge of a line of business.

Dirigir una negociación To

chair a negotiation.

Dirigir uno sus pasos To make one's way.

Dirigirse a alguien To speak to someone.

Dirigirse al público To address the public.

Discriminación laboral Workplace discrimination.

Discutir el asunto de los gastos en publicidad To discuss the question of the advertising expenditure.

Discutir por algo To argue about something.

Discutir un asunto To discuss a matter.

Diseñar un plan de marketing To draw up a marketing plan.

Diseñar un plan estratégico To design a strategic plan.

Diseñar una página web To design a webpage.

Disfrutar de dos semanas de vacaciones al año To have a fortnight's holiday a year.

Disfrutar de las vacaciones To enjoy one's holidays.

Disminuir la productividad To decrease productivity.

Disponer de la financiación adecuada To have sufficient funding available.

Disponibilidad del producto Product availability.

Disponibilidad total para viajar Free to travel.

Distribuidores autorizados Authorized dealers.

Distribuir fotocopias entre los asistentes To hand out photocopies to those attending.

Distribuir un producto To distribute a product.

Diversificar la oferta de productos To diversify the product range.

Dividir algo en dos partes To divide something into two parts.

Dividir algo entre dos personas To divide something between two people.

Dividir algo entre tres personas To divide something among three people.

División de tareas Division of tasks.

Divulgar un secreto To let out a secret.

Doblar algo por la mitad To fold something in half.

Documentos de trabajo Working documents.

Dolerle a uno la cabeza To have a headache.
Domicilio comercial Business address.
Domicilio social Registered office.
Dominar algo To have something under control.
Donde sea necesario Where necessary.
Dormir una noche en un hotel To stay a night at a hotel.
Dos semanas antes de la reunión Two weeks before the meeting.
Dos veces por semana Twice a week.
Dotar de recursos suficientes a un departamento To provide a department with enough resources.
Dudar de algo To be doubtful about something
Dudar de la palabra de alguien To doubt someone's word.
Dudar de si un proyecto es factible To doubt the feasibility of a project.
Durante algún tiempo For some time.
Durante algún tiempo después For some time afterwards.

Durante el almuerzo At lunch.
Durante el fin de semana During the weekend.
Durante horas y horas For hours and hours.
Durante las últimas tres semanas For the past three weeks.
Durante más de un año For more than a year.
Durante mucho tiempo For a long time.
Durante una pausa During a break / During a pause.
Durar mucho tiempo To last a long time.

E

Echar la culpa a alguien To put the blame on someone.
Echar un vistazo a algo To have a quick look at something.
Echar una carta al correo To post a letter.
Echar una mano a alguien To lend someone a hand.
Echar una ojeada a algo To have a quick look at

something.

Echarle la culpa a alguien
To put the blame on
someone.

**Echarle una bronca a
alguien** To give someone
a dressing-down.

Echarse uno la culpa To
blame oneself.

Economía de libre mercado
Free market economy.

Economía de mercado
Market economy.

Economía sumergida
Underground economy.

Edificio de oficinas Office
building.

Efectos personales
Personal belongings.

**Efectuar un pago en
efectivo** To pay cash.

Ejecución de un proyecto
The carrying out of a
project.

Ejecutar un proyecto To
carry out a project.

Ejemplar de muestra
Sample copy.

Ejemplar gratuito Free
copy.

Ejercicio económico
Economic year.

**El anterior presidente de la
empresa** The former
president of the company.

El año pasado Last year.

El año que viene Next year.

**El auge de la empresa no
es casual** The rise of the
company has not been a
matter of chance.

**El catálogo está disponible
también en inglés** The
catalogue is also available
in English.

**El catálogo se puede
consultar en Internet** You
can consult our catalogue
via Internet.

**El cliente es nuestra mayor
prioridad** Customers are
our top priority.

**El crecimiento previsto se
limita al 2%** Growth
forecast will be limited to
2%.

El CV adjunto The enclosed
CV.

**El descenso en las cifras
de ventas** The fall in sales
figures.

**El descenso estacional de
los pedidos** The seasonal
decrease in orders.

El descuento está incluido
The discount is included.

El doble de tiempo Twice
as long.

**El dólar es la base de todas
las operaciones contables**

The dollar is the basis for all accounting operations.

El embalaje de las mercancías era deficiente The packaging of the goods was poor.

El empeoramiento de la situación competitiva The worsening of the competitive situation.

El enfoque de la presentación The focus of the presentation.

El envío consta de The consignment consists of.

El fuerte descenso en la productividad se ha debido a The rapid fall in productivity has been due to.

El gráfico muestra la tendencia a la baja del mercado The graph shows the downward trend of the market.

El gráfico muestra la tendencia al alza del mercado The graph shows the rising trend of the market.

El hotel es de cuatro estrellas It is a four-star hotel.

El informe que tienen ustedes delante The report you have in front of you.

El itinerario del viaje The travel itinerary.

El lado derecho The right hand side.

El lado izquierdo The left hand side.

El margen de beneficio es de The profit margin is.

El mundo de los negocios The business world.

El negocio del libro The book trade.

El orden del día Today's agenda.

El orden del día de la reunión The agenda for the meeting.

El pago deberá efectuarse en un plazo de diez días Payment must be made within ten days.

El pago es a 90 días Payment is due at 90 days.

El pedido está listo para embarcar Your order is ready for shipment.

El pedido salió por vía aérea el pasado lunes The order was shipped by air last Monday.

El pedido se hace de acuerdo con los precios de su último catálogo

The order is based on the prices in your latest catalogue.

El precio de las acciones aumentó rápidamente The share price rose sharply.

El precio medio por caja The average price per box.

El precio por unidad es de 4 euros The unit price is 4 euros.

El presupuesto para el proyecto The project budget.

El problema es que The problem is that / The trouble is that.

El ritmo de ventas ha sido lento hasta ahora Sales have been slow up to now.

El sector privado The private sector.

El sector público The public sector.

El siguiente tema The next subject.

El sueldo que corresponde al puesto es The salary for the post is.

El tema principal de mi conferencia será The main subject of my talk will be.

El tiene mi número de teléfono He's got my number.

El trabajo se paga por semanas The job pays weekly.

El valor de este índice debe ser inferior a 100 This ratio must be lower than 100.

Elaborar un gráfico de To make a chart of.

Elaborar un informe To prepare a report.

Elaborar un plan To develop a plan.

Elasticidad del precio Price elasticity.

Elegir una estrategia arriesgada To choose a risky strategy.

Elevar los precios por unidad To raise unit prices.

Eliminar puestos de trabajo To cut jobs.

Eludir una respuesta To avoid answering.

Embalaje insuficiente Inadequate packaging.

Embalaje suficiente Enough wrapping.

Embalar con cartón To pack in cardboard.

Emitir nuevas acciones To issue new shares.

Empecemos con un resumen de productos y servicios Let's start off with a summary of our products and services.

Empezar a hacer algo To start doing something / To begin to do something.

Empezar la reunión cuanto antes To begin the meeting as soon as possible.

Empezar por algo To begin with something.

Empezar por analizar las razones de To start by looking into the reasons for something.

Empezar por el lanzamiento del nuevo producto To start with the new product launch.

Empezar por el principio To begin at the very beginning.

Empezar por hablar sobre comercio internacional To start off by talking about international trade.

Emplazamiento de las oficinas Office location.

Empleado del año Employee of the year.

Emplear a alguien To employ someone.

Emplear a alguien para que haga una tarea To employ someone to carry out a task.

Empleo a tiempo parcial Part-time employment.

Empleo estacional Seasonal employment.

Empleo juvenil Youth employment.

Empleo público Public sector employment.

Empresa de publicidad Advertising company.

Empresa de servicios Service company.

Empresa de transporte Transport company.

Empresa distribuidora Distributor.

Empresa en expansión Expanding company.

Empresa exportadora Export company.

Empresa extranjera Foreign company.

Empresa familiar Family business.

Empresa importadora Import company.

Empresa privada Private company.

Empresa pública State enterprise.

En algunos aspectos In some ways.

En almacén In stock.
En apoyo de In support of.
En ausencia de nuevas alternativas In the absence of new alternatives.
En beneficio de For the benefit of.
En cada una de las barras del gráfico In each of the bars on the chart.
En cajas de cartón In cartons.
En cajas de madera In wooden cases.
En ciertas condiciones In certain conditions.
En cierto modo In a way.
En ciertos casos In certain cases.
En cinco días Within five days.
En circunstancias determinadas Under certain circumstances.
En comparación con In comparison with.
En compensación In compensation / In payment.
En conclusión In conclusion.
En conexión con In connection with.
En consecuencia Consequently.

En contestación a In answer to / In reply to.
En cualquier momento At any time.
En cualquiera de los dos casos In either case.
En cuanto a eso With regard to that / Concerning that.
En cuanto a la facturación With regard to turnover.
En cuanto venga As soon as he comes.
En cuestión de unas horas In just a few hours.
En curso In progress.
En días alternos Every other day.
En el acto Immediately.
En el ángulo inferior derecho In the lower right-hand corner.
En el ángulo inferior izquierdo In the lower left-hand corner.
En el ángulo superior derecho In the upper right-hand corner.
En el ángulo superior izquierdo In the upper left-hand corner.
En el caso de In the case of / In the event of.
En el catálogo adjunto In the enclosed catalogue.

En el contrato se hace referencia a The contract makes reference to.

En el correo de hoy In today's post.

En el curso del año In the course of the year.

En el dibujo In the drawing.

En el lado derecho On the right side / On the right-hand side.

En el lado izquierdo On the left side / On the left-hand side.

En el mejor de los casos At best.

En el momento actual At present.

En el mundo de los negocios In the business world.

En el orden del día On the agenda.

En el organigrama se ve que From the organization chart you can see that.

En el plazo acordado Within the agreed time.

En el plazo de dos meses Within two months.

En el siguiente esquema se observa On the following chart you can see.

En el supuesto de que Assuming that.

En el último trimestre In the final quarter.

En este caso concreto In this particular case.

En este gráfico se representan el activo y el pasivo The assets and liabilities are shown on this graph.

En este punto At this point.

En este sector In this sector.

En estos tiempos de crisis In these times of crisis.

En estos últimos años In recent years.

En fecha próxima In the near future.

En gran escala On a large scale.

En huelga On strike.

En igualdad de condiciones On equal terms.

En la actualidad Nowadays.

En la esquina inferior derecha In the bottom right-hand corner.

En la esquina inferior izquierda In the bottom left-hand corner.

En la esquina superior derecha In the top right-hand corner.

En la esquina superior

izquierda In the top left-hand corner.

En la gráfica sectorial se indica The pie chart indicates.

En la lista On the list.

En la mayoría de los casos In most cases.

En la medida de lo posible As far as possible.

En la opinión de In the opinion of.

En la otra página On the other page.

En la página 5 de sus fotocopias On page 5 of your photocopies.

En la página siguiente On the following page / On the next page.

En la pantalla On the screen.

En la parte de abajo (de un gráfico) At the bottom.

En la parte de arriba (de un cuadro) At the top.

En la parte derecha On the right side / On the right-hand side.

En la parte inferior de la página At the bottom of the page.

En la parte izquierda On the left side / On the left-hand side.

En la parte superior de la página At the top of the page.

En la práctica In practice.

En la primera ocasión At the first opportunity.

En la reunión At the meeting.

En la reunión anterior In the previous meeting.

En la tabla de más abajo se ve On the table below you can see.

En las últimas semanas Over the past few weeks.

En líneas generales Roughly speaking.

En lo que va de año So far this year.

En lo referente a las pretensiones económicas With regard to salary expectations.

En lo relativo a With regard to.

En los dos últimos trimestres In the last two quarters.

En los negocios el tiempo es oro In business time is money.

En menor grado To a lesser extent.

En menos de dos semanas In less than a fortnight / In

less than a fortnight's time.
En metálico (In) cash.
En metro By underground.
En modo alguno By no means.
En muchos aspectos In many aspects / In many ways.
En muchos casos In many cases.
En muy poco tiempo In no time at all / In a very short time.
En nada de tiempo In no time at all.
En no menos de dos horas In no less than two hours.
En nuestra última conversación telefónica In our last telephone conversation.
En números redondos In round numbers / In round figures.
En números rojos In the red.
En ocasiones At times.
En ocasiones anteriores On previous occasions.
En orden In order.
En otra ocasión Some other time.
En otra parte Somewhere else.
En otras palabras In other words / To put it another

way.
En otras palabras puede decirse que In other words one might say that.
En otro sitio Somewhere else.
En parte In part.
En particular In particular.
En pequeña escala On a small scale.
En pocas palabras In brief.
En poco tiempo In a short time.
En presencia de In the presence of.
En primer lugar In the first place.
En proporción con In proportion to.
En qué puedo ayudarle? How can I help you?
En qué puedo servirle? Is there anything I can do for you?
En realidad In fact / Actually.
En reconocimiento de sus servicios a la empresa In acknowledgement of his services to the company.
En representación de Representing.
En respuesta a In answer to / In reply to.
En respuesta a su anuncio publicado en el diario

dominical In response to your advertisement in the Sunday newspaper.

En respuesta a su carta In reply to your letter.

En resumen In summary / In short.

En resumidas cuentas In brief / In short / In a word.

En sentido general In a general sense.

En sobre aparte Under separate cover.

En su totalidad In full / As a whole.

En suma In short.

En tal caso In such a case.

En tales condiciones In such conditions.

En tanto In the meantime / Meanwhile.

En teoría In theory.

En términos de producción trimestral In terms of quarterly output.

En términos generales Generally speaking / In general terms.

En todas partes del mundo Everywhere in the world.

En todo caso In any case / Anyway.

En todo momento All the time.

En todos los aspectos In every respect.

En todos los casos planteados In all the cases put forward.

En total In all.

En tres semanas In three weeks' time.

En último caso As a last resort.

En un futuro no muy lejano In the not-too-distant future.

En un futuro próximo In the near future.

En un momento determinado At a given moment.

En un plazo muy breve In a very short time.

En un principio In the beginning / At first.

En un tiempo fijado At a set time.

En una entrevista In an interview.

En una hora In an hour's time.

En una ocasión On one occasion.

En una palabra In a word / In short.

En una semana In a week's time / A week from now.

En unos minutos In a few minutes.

En uso In use.

En venta On sale / For sale.

En vez de eso Instead of that.

En viaje de negocios Away on a business trip.

En vista de In view of.

Encantado de hablar de nuevo con usted It's good to hear from you again.

Encantado de conocerle Nice to meet you.

Encantados de tenerle entre nosotros We're very pleased to have you with us.

Encargar a alguien que haga algo To commission someone to do something.

Encargar un estudio sobre la rentabilidad de la empresa To commission a study on company profitability.

Encargarse de algo To take charge of something.

Encargarse de hacer algo To take on the responsibility for doing something.

Encontrar clientes potenciales To find potential customers.

Encontrar el número de teléfono To find the phone number.

Encontrar oposición para un proyecto To meet opposition to a project.

Encontrar problemas con la importación de químicos To run into difficulties with chemical imports.

Encontrar trabajo como delegado de ventas To find a job as a sales representative.

Encontrar trabajo en menos de dos meses To find work in less than two months.

Encontrar un empleo fijo To find a permanent job.

Encontrar una salida para un producto To find a market for a product.

Encontrar una solución To find a solution.

Encontrarse en un periodo de rápida expansión To be going through a period of rapid expansion.

Encontré el número en las páginas amarillas I found your number in yellow pages.

Encuentro anual Annual meeting.

Enfocar un problema To approach a problem.

Enfrentarse a un reto To

face a challenge.

Enfrentarse a una compleja situación financiera To face a difficult financial situation.

Enseguida se pone He'll take your call right now.

Enseñar el muestrario To show the samples.

Enseñar la tarjeta de acceso To show the pass.

Entender algo To understand something / To make something out.

Entender el significado de algo To understand what something means.

Enterado de lo que ocurre Aware of what is happening.

Enterarse de algo To learn of something / To find out about something.

Entrar a formar parte de la plantilla To join the staff.

Entrar en contacto con alguien (con intención) To get in touch with someone.

Entrar en detalles To go into details.

Entrar en la empresa To join the firm.

Entrar en vigor To come into force.

Entre los que están de acuerdo Among those who agree.

Entre paréntesis In brackets / In parentheses.

Entre tres y cuatro horas Between three and four hours.

Entrega a domicilio Home delivery service.

Entrega contra reembolso Cash on delivery (COD).

Entregar algo a alguien en mano To hand something to someone.

Entregar fotocopias a los asistentes To give out photocopies to those attending.

Entregar la mercancía To deliver the goods.

Entregar las solicitudes antes del diez del corriente To submit applications before the tenth of this month.

Entretanto In the meantime / Meanwhile.

Entrevistar a alguien To interview someone.

Entrevistar a los candidatos To interview the candidates.

Envase de plástico Plastic container.

Enviar a alguien a hacer algo To send someone to do something.

Enviar algo a alguien To send something to someone.

Enviar algo contra reembolso To send something cash on delivery.

Enviar algo en mano To send something by hand.

Enviar documentos por mensajero To send documents by courier service.

Enviar en sobre aparte To send under separate cover.

Enviar información To send information.

Enviar por avión To ship by air.

Enviar por e-mail To send by e-mail.

Enviar por fax To send by fax.

Enviar sin demora To send without delay.

Enviar un CV To submit a CV.

Enviar un recado To send a message.

Enviar una carta urgente To send a letter express post.

Envío contra reembolso Cash on delivery (COD).

Envoltorio de plástico Plastic wrapping.

Envolver algo To wrap something up.

Equipamiento de oficina Office equipment.

Equipo de trabajo Work team.

Equipo de ventas Sales team.

Equivocarse de teléfono To call the wrong number.

Equivocarse en un calculo To get a sum wrong.

Es arriesgado suponer que It's risky to suppose that.

Es importante dejar claro que It is important to be clear that.

Es interesante considerar porqué It is interesting to consider why.

Es lógico It stands to reason.

Es muy importante que It is very important that.

Es muy improbable encontrar un defecto en uno de nuestros productos It is highly unlikely that you will find a defect in one of our products.

Es probable que se firme el acuerdo de compra antes

del fin de semana It is likely that the purchase agreement will be signed before the weekend.

Es sólo cuestión de tiempo It's just a matter of time.

Es sólo un cálculo aproximado It's only a rough estimate.

Es tarde It's late.

Es un placer hacer negocios con usted It's a pleasure to do business with you.

Es usted Mr X? (teléfono) Is that Mr X?

Escala de precios Price range.

Escribir al margen To write in the margin.

Escribir algo con todo detalle To write something out in full detail.

Escribir en cifras (un número) To write in figures.

Escribir números en letra To write numbers in words.

Escribir pidiendo algo To write off for something / To write away for something.

Escribir sobre algo To write about something.

Escribir una carta a alguien To write a letter to some-

one / To write someone a letter.

Escritorio lleno de papeles Desk with papers all over it.

Escuchar a alguien To listen to someone.

Escuchar algo To listen to something.

Escuela de negocios Business school.

Ese es otro aspecto del problema That's another angle to the problem.

Esforzarse en hacer algo To try hard to do something.

Esmerarse uno en su trabajo To take pains over one's work.

Eso cae por su propio peso That goes without saying.

Eso es bastante por el momento That'll do for now.

Eso es evidente That goes without saying.

Eso es otra cosa That's a different matter.

Eso es todo That's all.

Eso no importa That doesn't matter.

Eso quiere decir That means.

Eso son especulaciones That is just speculation.

Especialización en un

campo Specialization in a field.

Especializarse en algo To specialize in something.

Especializarse en fusiones y adquisiciones To specialize in mergers and acquisitions.

Especificar el medio de transporte To specify the means of transport.

Especular sobre el futuro de la compañía To speculate on the company's future.

Esperamos que las muestras les resulten aceptables We hope that you find the samples acceptable.

Esperamos sus instrucciones We are awaiting your instructions

Esperamos sus propuestas We are awaiting any proposal you may have.

Esperando su pronta respuesta Looking forward to your early reply.

Esperar algo To wait for something.

Esperar hacer algo To hope to do something.

Esperar lo mejor To hope for the best.

Esperar media hora To wait for half an hour.

Esperar mucho tiempo To wait for a long time.

Esperar que alguien haga algo To expect someone to do something.

Esperar tener éxito To hope for success.

Esperar tiempos mejores To hope for better times.

Esperar un momento To wait a moment.

Esperar una carta To expect a letter.

Esperar una hora To wait for an hour.

Esperar una llamada To expect a call.

Esperar una oportunidad To wait for a chance.

Espere un momento, por favor (al teléfono) Please hold the line for a moment.

Espionaje industrial Industrial espionage.

Espiral inflacionaria Inflationary spiral.

Está dentro de lo razonable suponer que It is reasonable to assume that.

Está el Sr. X, por favor? Is Mr X there, please?

Esta es nuestra posición This is our position.

Está pendiente de abono la factura correspondiente a las mercancías entregadas el 10 de mayo The invoice for the goods delivered to you on 10th May is outstanding.

Esta tarde a primera hora Early this afternoon / First thing this afternoon.

Está usted al habla con el director adjunto You are speaking to the assistant director.

Está usted citado? Do you have an appointment?

Está usted libre mañana? Are you free tomorrow?

Esta vez no Not this time.

Estaba deseando conocerle I was looking forward to meeting you.

Estaba hablando con Mr X I was speaking to Mr X.

Establecer contacto con alguien To get in touch with someone.

Establecer objetivos a corto plazo To set short-term objectives.

Establecer relaciones comerciales To establish trading relations / To start a business relationship.

Establecerse por su cuenta To set up one's own business.

Establecimiento comercial Business establishment.

Establecimientos pequeños Small establishments.

Estadísticas generales disponibles al público General statistics (which are) available to the public.

Estado civil Marital status.

Estado financiero (de una empresa) Financial condition.

Estamos a la espera de sus instrucciones en cuanto a We await your instructions with regard to.

Estamos reconocidos como la marca número uno We are recognized as being the number one brand.

Están ocupadas todas las líneas All the lines are engaged.

Estar a cargo de algo To be in charge of something.

Estar a cargo de la supervisión de To be in charge of supervising.

Estar a favor de algo To be for something.

Estar a favor de hacer algo To be in favour of doing

something.

Estar a la derecha To be on the right.

Estar a la espera de una llamada To be waiting for a call.

Estar a la izquierda To be on the left.

Estar a la venta To be on sale.

Estar a las órdenes de alguien To be under someone's orders.

Estar a prueba To be on trial.

Estar a punto de hacer algo To be about to do something / To be on the point of doing something.

Estar agradecido por To be grateful for.

Estar al borde de la ruina To be on the brink of ruin.

Estar al corriente de lo que ocurre To be up to date on what is happening.

Estar al día To be up to date.

Estar al lado de alguien To be at someone's side.

Estar al llegar To be about to arrive.

Estar al mando To be in control.

Estar al tanto To be fully

informed.

Estar al teléfono To be on the phone.

Estar alerta To be on the alert.

Estar algo a la venta To be on the market.

Estar ausente To be away / To be absent.

Estar contra algo To be against something.

Estar convencido de que es la mejor alternativa To be convinced that it's the best alternative to follow.

Estar convencido del todo To be quite convinced.

Estar de acuerdo con To be in agreement with.

Estar de acuerdo con abrir más tiendas To agree to the opening of more retail outlets.

Estar de acuerdo con alguien To agree with someone.

Estar de acuerdo con alguien sobre algo To be in agreement with someone about something.

Estar de acuerdo con la propuesta To be in agreement with the proposal.

Estar de acuerdo con las

cifras expuestas To agree with the figures put forward.

Estar de acuerdo con las condiciones de alguien To agree to someone's conditions.

Estar de acuerdo con lo que alguien dice To be in agreement with what someone says.

Estar de acuerdo con los términos To agree to the terms.

Estar de acuerdo con un plan To agree to a plan.

Estar de acuerdo en hacer algo To agree to do something.

Estar de acuerdo hasta cierto punto To agree up to a point.

Estar de baja por enfermedad To be on sick leave.

Estar de baja por maternidad To be away on maternity leave.

Estar de parte de alguien To be on someone´s side.

Estar de vacaciones hasta el lunes To be on holiday till Monday.

Estar de viaje de negocios To be away on business.

Estar dentro de lo posible

To be within the bounds of possibility.

Estar desempleado To be unemployed / To be jobless.

Estar despedido To be dismissed.

Estar dirigido (un producto) al mercado nacional To be intended for the domestic market.

Estar disponible (la mercancía) To be available.

Estar dispuesto a aceptar To be willing to accept.

Estar en auge To be booming / To be increasing rapidly.

Estar en bancarrota To be bankrupt.

Estar en contacto To be in touch.

Estar en contacto con alguien To be in touch with someone.

Estar en contacto con alguien por teléfono To be in contact with someone by telephone.

Estar en contacto por teléfono To be in touch by phone.

Estar en contra de algo To be against something.

Estar en contra de una

medida To be against a step.

Estar en desacuerdo con To disagree with.

Estar en el extranjero To be abroad.

Estar en el extranjero en una conferencia To be at an overseas conference / To be abroad at a conference.

Estar en el trabajo To be at work.

Estar en espera de To be waiting for / To be expecting.

Estar en huelga To be on strike.

Estar en la lista de candidatos para el puesto To be on the short-list of candidates for the job.

Estar en la oficina To be in the office.

Estar en mala posición económica To be badly off.

Estar en malas relaciones To be on bad terms.

Estar en mayoría To be in the majority.

Estar en minoría To be in the minority.

Estar en nómina To be on the staff / To be on the payroll.

Estar en números rojos To be in the red.

Estar en orden To be in order.

Estar en paro To be unemployed.

Estar en plantilla To be on the permanent staff.

Estar en posesión de To be in possession of.

Estar en proceso de desarrollo To be in the process of development.

Estar en uso To be in use.

Estar en vigor To be in force.

Estar encargado de To be in charge of.

Estar endeudado To be in debt.

Estar enterado de algo To be aware of something.

Estar equivocado To be wrong.

Estar estrechamente relacionado con To be closely related to.

Estar familiarizado con algo To be familiar with something.

Estar fuera de la vista To be out of sight.

Estar fuera de vacaciones To be away on holiday.

Estar fuera del alcance de la vista To be out of sight.

Estar fuera por motivos de trabajo To be away on business.

Estar funcionando To be on / To be working.

Estar furioso To be in a rage / To be furious.

Estar hablando con alguien To be speaking to someone.

Estar hablando por teléfono To be on the phone.

Estar harto de algo To be sick of something.

Estar harto de hacer algo To be fed up with doing something.

Estar implicado en To be involved in.

Estar interesado en hacer algo To be interested in doing something.

Estar lejos To be a long way off / To be far away.

Estar mal pagado To be underpaid / To be badly paid.

Estar muy atento To be very attentive.

Estar muy ocupado trabajando To be hard at work.

Estar obligado a hacer algo To be forced to do something.

Estar ocupada (la línea telefónica) To be busy.

Estar parado (descansando) To be having a rest.

Estar parado (sin trabajo) To be unemployed.

Estar pensando en hacer algo To be thinking of doing something.

Estar poco dispuesto a ayudar To be reluctant to help.

Estar por ver To remain to be seen.

Estar preocupado por To be worried about.

Estar preparado para algo To be ready for something.

Estar preparado para hacer algo To be ready to do something.

Estar presente en una reunión To be present at a meeting.

Estar regular To be so-so.

Estar relacionado con To be related to.

Estar repetido To be duplicated.

Estar satisfecho con To be satisfied with.

Estar seguro de la efectividad de las medidas propuestas To be sure of the effectiveness of the measures proposed.

Estar sentado a una mesa To be sitting at a table.

Estar sin empleo To be unemployed

Estar sobre aviso To be on the alert.

Estar totalmente convencido de To be fully convinced of.

Estar trabajando duro To be working hard.

Estar tras algo / alguien To be after something / somebody.

Estar uno ajeno a lo que ocurre To be unaware of what is happening.

Estar uno en su derecho To be within one's rights.

Estará libre dentro de media hora He'll be available in half an hour.

Estaré con usted dentro de un momento I'll be with you in just a moment.

Estaremos encantados de atenderle We will be delighted to help you.

Estaríamos dispuestos a We would be willing to.

Estarse callado To be quiet.

Estás a favor o en contra? Are you for or against it?

Estas cosas llevan tiempo These things take time.

Este es un producto de escaso presupuesto This is a low-budget product.

Este problema reclama una solución This problem is crying out for a solution.

Estimados Sres. Dear Sirs.

Esto plantea el problema de si This raises the question of whether.

Esto se debe al hecho de que This is due to the fact that.

Estos datos han sido actualizados These figures have been updated.

Estos porcentajes se pueden representar en un gráfico de barras These percentages can be shown on a bar chart.

Estos últimos años These past few years.

Estoy aquí de negocios I'm here on business.

Estoy hablando con Bruselas I've got Brussels on the line.

Estrategia comercial

Marketing strategy.
Estrategia de inversión
Investment strategy.
Estrategia de la compañía
Corporate strategy.
Estrecharle la mano a alguien To shake hands with someone.
Estrecharse las manos To shake hands.
Estructura de la compañía
Company structure.
Estructurar un departamento To structure a department.
Estudiar el tema en profundidad To make an in-depth study of the matter.
Estudiar en una escuela de negocios To study at a business school.
Estudiar la relación entre To study the relationship between.
Estudiar un asunto a fondo To study a question in-depth.
Estudiar un problema desde todos los aspectos To look at a problem from all angles.
Estudiar una propuesta To study a proposal.
Estudio de la rentabilidad Profitability study.

Estudio de mercado Market survey / Market research.
Estudio preliminar Preliminary study.
Estudios superiores Higher education.
Estudios universitarios College education / University studies.
Etapa de planificación Planning stage.
Etica empresarial Business ethics.
Etica profesional Professional ethics.
Etiqueta (precio) Price tag.
Etiquetar un producto To label a product.
Evadir impuestos To evade taxes.
Evaluación de costes Cost evaluation.
Evaluación de necesidades Needs assessment.
Evaluación de recursos Resource evaluation.
Evaluar el éxito o el fracaso To evaluate success or failure.
Evaluar el grado de eficiencia de la gestión To assess the degree of management efficiency.
Evaluar el riesgo To assess

the risk.

Evasión de impuestos Tax evasion.

Evitar hacer algo To avoid doing something.

Examinar los asuntos principales en una reunión To look at the main issues at a meeting.

Examinar un asunto To look into a matter.

Examinar un documento To look through a document / To examine a document.

Exceso de trabajo Overwork.

Exento de impuestos Tax exempt.

Exigir algo a alguien To demand something from someone.

Exigir un aumento de sueldo To demand a pay rise.

Exigir una factura con IVA incluido To request an invoice which includes VAT.

Existencias agotadas Out of stock / Sold out.

Expandir el mercado To expand the market.

Expansión de la empresa Company expansion.

Expedir la mercancía To dispatch the goods.

Experimentar una extraor- dinaria expansión To undergo an extraordinary expansion.

Experimentar una fuerte elevación de rentabilidad To show a steep rise in profitability.

Explicar a alguien cómo hacer algo To explain to someone how to do something.

Explicar a grandes rasgos To outlinc / To cxplain briefly.

Explicar algo a alguien To explain something to someone.

Explicar algo detallada- mente To explain something in detail.

Explicar el porqué de algo To account for something / To explain the reason for something.

Exponer el plan del próximo año To put forward next year's plan.

Exponer una idea To put forward an idea.

Exportar productos To export products.

Expresar una opinión To give an opinion.

Expresar una relación en porcentaje To show a

relationship as a percentage.

Extender un cheque a favor de alguien To make a cheque payable to someone / To make a cheque out to someone.

Extracto de cuenta Bank statement.

Extrapolación de datos Data extrapolation.

Extrapolar datos To extrapolate data.

F

Fabricación en serie Mass production.

Fabricar en serie To mass produce.

Facilidades de pago Easy payment terms.

Facilitar información adicional To provide further information.

Facilitar las cosas To make things easier.

Factor humano Human factor.

Factor tiempo Time factor.

Factores como Factors

such as.

Factura comercial Commercial invoice.

Factura proforma Proforma invoice.

Facturar el citado importe a los clientes To bill the customers for the stated amount.

Facturar un 10% más que en el año anterior To make 10 % more turnover than in the previous year.

Faltar a la oficina To stay away from the office.

Faltar a la palabra dada To break one's word.

Faltar a una cita To miss an appointment.

Faltar al respeto a alguien To lack respect for someone.

Faltarle a uno experiencia To lack experience.

Familiarizado con algo Familiar with something.

Fecha de entrega Delivery date.

Fecha de pago Payment date.

Fecha de vencimiento de una factura Expiry date.

Fecha tope para las solicitudes Closing date for applications.

Fechar una carta To date a letter.

Felicitar a alguien por algo To congratulate someone on something.

Fiarse de alguien To trust someone.

Fichar al entrar y al salir To clock in and out.

Fiel a Faithful to.

Fijar fecha y hora para la próxima reunión To set a date and time for the next meeting.

Fijar la atención en algo To fix one's attention on something.

Fijar las fechas para las entrevistas To set the date for interviews.

Fijar objetivos medibles To set measurable objectives.

Fijar una cita To set up an appointment / To make an appointment.

Fijar una cita con alguien To arrange to meet someone.

Fijar una fecha To fix a date / To set a date.

Filial de una empresa Subsidiary company.

Firma autorizada Authorized signature.

Firmado y sellado por Signed and sealed by.

Firmar un acuerdo To sign an agreement.

Folleto informativo Brochure / Pamphlet.

Folleto promocional Advertising leaflet.

Fondos públicos Public funds.

Forma de pago Method of payment.

Forma habitual de pago Payment as usual.

Formado por Formed by.

Formar a los empleados dentro de la organización To train employees in-house.

Formar parte del equipo de ventas To be part of a sales team.

Formar un equipo de trabajo To form a work team.

Formular preguntas To ask questions.

Formular una pregunta To ask a question.

Formulario de solicitud Application form.

Forzar a alguien a hacer algo To force someone to do something.

Fracasar en los negocios To fail in business.

Fracasar en un intento To fail in an attempt.

Fracaso de la estrategia Failure of the strategy.

Fuente de información Source of information.

Fuente de ingresos Source of income

Fuera de duda Beyond doubt.

Fuera de lo común Out of the ordinary.

Fuera de lugar Out of place.

Fuera de mi alcance Out of my reach / Beyond my reach.

Fuera de toda duda Beyond all doubt.

Fuera del alcance de Out of the reach of.

Fuerte descenso en la productividad Sharp fall in productivity.

Fuerza de ventas Sales force

Fuga de capital Flight of capital.

Funcionario público Civil servant.

Funciones directivas Management functions.

Fundar una empresa To set up a company.

Furgoneta de reparto Delivery van.

G

Galería comercial Shopping arcade.

Gama de colores Range of colours.

Gama de productos Product range.

Ganar 90.000 euros al año To make 90,000 euros a year.

Ganar dinero (trabajando) To earn money.

Ganar tiempo To gain time.

Ganar un sueldo To earn a salary.

Ganar una fortuna To earn a fortune.

Ganarse la vida To earn one's living / To make a living.

Garantía bancaria Bank guarantee.

Garantía de reembolso Repayment guarantee / Money-back guarantee.

Garantizar la igualdad de oportunidades To guarantee equal opportunities.

Gastar dinero en algo To spend money on something.

Gastos bancarios Bank charges.

Gastos de administración Administration costs.

Gastos de aduana Customs charges.

Gastos de almacenaje Warehousing costs.

Gastos de correo Postal charges.

Gastos de embalaje y envío aparte Postage & Packing not included.

Gastos de envío aparte Postal charges extra.

Gastos de exportación Export charges.

Gastos de fabricación Manufacturing costs.

Gastos de flete Freight charges.

Gastos de importación Import charges.

Gastos de manipulación Handling charges

Gastos de mantenimiento Maintenance costs.

Gastos de producción Production costs.

Gastos de publicidad Advertising costs.

Gastos de seguro Insurance costs.

Gastos de transporte Transport charges.

Gastos de viaje Travelling expenses.

Gastos fijos Fixed costs.

Gastos generales Overheads / Overhead expenses.

Gastos mínimos Minimum charges

Generar el retorno previsto To generate forecast returns.

Gerente de Compras Purchasing Manager.

Gerente de Marketing Marketing Manager.

Gerente de una sucursal Branch manager.

Gestión de datos Data management.

Gestion del tiempo Time management.

Gestión financiera Financial management.

Giro bancario Bank giro.

Giro postal Post office giro.

Gozar de una situación de liderazgo en el mercado To enjoy a market-leadership position.

Gracias anticipadas Thanks in advance.

Gracias por llamar Thanks

for calling / Thank you for
your call.

Gracias por su invitación
Thank you for your
invitation.

Gráfico de barras Bar chart.

Gráfico de sectores Pie
chart.

Grandes centros comerciales Large shopping
malls.

Grandes negocios Big
business.

**Guardar las distancias (en
el trato)** To keep one's
distance.

**Guardar silencio sobre
algo** To keep silent about
something.

Guardar un secreto To
keep a secret.

Guardia de seguridad
Security guard.

Guerra de precios Price
war.

**Gustarle a uno la comida
española** To enjoy
Spanish food.

H

Ha llegado el momento de
The time has come to.

Ha sido usted muy amable
You've been very kind.

Ha tenido un buen viaje?
Did you have a good trip?

**Haber estado en paro
durante un año** To have
been unemployed for a
year.

**Haber trabajado para
diversas empresas** To
have worked in different
companies.

**Haber uno o dos votos en
contra** To have one or two
votes against.

**Había estado antes en
Chicago?** Have you ever
been to Chicago before?

Habiendo comentado ya
Having already talked
about.

Habilidad de hacer algo
Ability to do something.

Hablando claro Putting it
plainly / Speaking plainly.

Hablando sin rodeos To
put it bluntly.

Hablar a alguien de algo
To speak to someone about something.

Hablar a alguien sobre un asunto To speak to someone about a matter.

Hablar acerca de algo To talk about something.

Hablar alto y claro To speak loudly and clearly.

Hablar bien de alguien To speak well of someone.

Hablar claro (decir lo que uno piensa) To speak out.

Hablar con alguien To speak to someone / To talk to someone.

Hablar con alguien en inglés To speak to someone in English.

Hablar con alguien por teléfono To speak to someone on the phone.

Hablar con conocimiento de causa To know what one is talking about.

Hablar con toda franqueza To speak frankly.

Hablar de To speak about / To talk about.

Hablar de los efectos de la caída de los beneficios To talk about the effects of the fall in profits.

Hablar de nuevo con alguien To speak to someone again.

Hablar de un asunto To talk about an issue.

Hablar en nombre de alguien To speak on someone's behalf.

Hablar en público To speak in public.

Hablar en serio To be in earnest / To speak seriously.

Hablar en voz alta To speak in a loud voice / To speak aloud.

Hablar en voz baja To speak in a low voice / To speak softly.

Hablar más alto To speak louder.

Hablar por alguien To speak for someone / To speak on someone else's behalf.

Hablar por teléfono To speak on the telephone.

Hablar sin rodeos To go straight to the point.

Hablar sobre qué medidas son las más apropiadas To talk about the most appropriate measures.

Hablar sobre un tema To talk about a topic.

Hablar un idioma con

soltura To speak a language fluently.

Hablar un idioma mal To speak a language badly.

Hace algún tiempo Some time ago.

Hace algunos meses A few months back / A few months ago.

Hace dos días Two days ago.

Hace dos meses Two months ago.

Hace mucho tiempo A long time ago.

Hace poco rato A short while ago.

Hace poco tiempo A short time ago.

Hace pocos meses A few months ago.

Hace un año que cambié de trabajo I changed jobs a year ago.

Hace un año que trabaja con nosotros He's been with us for a year.

Hace un rato A while ago.

Hace una hora An hour ago.

Hace unas semanas A few weeks back / Some weeks ago.

Hace unos cuantos años A few years ago.

Hace unos dos años About two years ago.

Hacer a alguien una pregunta To ask someone a question.

Hacer algo To do something.

Hacer algo a alguien To do something to someone.

Hacer algo a lo grande To do something in a big way.

Hacer algo a propósito To do something on purpose.

Hacer algo al mismo tiempo To do something at the same time.

Hacer algo de distinta manera que To do something differently from.

Hacer algo de igual manera que To do something in the same way as.

Hacer algo deprisa To do something quickly.

Hacer algo despacio To do something slowly.

Hacer algo en este mismo momento To be doing something this very moment.

Hacer algo oficial To make something official.

Hacer algo otra vez To do something over again.

Hacer algo por dinero To

do something for money.
Hacer algo por necesidad
To do something from
necessity.
Hacer algo solo To do
something by oneself.
Hacer bien uno su trabajo
To be good at one's work.
Hacer caja To cash up.
Hacer caso a alguien To
take notice of someone.
Hacer caso omiso de To
take no notice of / To pay
no attention to.
**Hacer causa común con
alguien** To side with
someone.
Hacer cola To queue up /
To stand in the queue.
**Hacer comentarios sobre
algo** To comment on
something / To make
comments about some-
thing.
Hacer comparaciones To
make comparisons.
Hácer creer a alguien To
make someone believe.
Hacer de intérprete To act
as an interpreter.
Hacer dinero To make
money.
Hacer efectivo un cheque
To cash a cheque.
Hacer el trabajo más

productivo To make the
work more productive
Hacer entrar a alguien To
call someone in.
Hacer esperar a alguien To
keep someone waiting.
Hacer falta To be
necessary.
Hacer fortuna To make a
fortune.
Hacer frente a algo To
stand up to something.
Haocr frcntc a alguien To
stand up to someone.
Hacer frente a los costes
To meet the costs.
Hacer frente a los gastos
To meet expenses.
Hacer hincapié en algo To
insist on something / To
give emphasis to some-
thing.
Hacer horas extras To work
overtime.
Hacer huelga To go on
strike.
**Hacer huelga para
conseguir más salario** To
strike for higher wages.
Hacer justicia To do justice.
Hacer la cuenta To figure it
out.
**Hacer la presentación de
un producto** To present a
product.

Hacer la publicidad de un producto To advertise a product.

Hacer las veces de (alguien) To substitute for (someone).

Hacer negocios To do business.

Hacer observaciones sobre To remark on / To comment on.

Hacer oídos sordos To turn a deaf ear.

Hacer pasar a alguien To show someone in.

Hacer pasar a alguien a una habitación To show someone into a room.

Hacer perder el tiempo a alguien To waste someone's time.

Hacer planes para el futuro To plan for the future / To make future plans.

Hacer poco descuento Not to give much of a discount.

Hacer preguntas To ask questions.

Hacer preparativos To make preparations.

Hacer progresos To make progress.

Hacer que algo funcione To make something go.

Hacer que alguien hable To make someone talk.

Hacer que alguien haga algo To get someone to do something.

Hacer resaltar algo To stress something.

Hacer saber a alguien To let someone know.

Hacer sitio a alguien To make room for someone.

Hacer todo lo posible To do one's best / To do one's utmost.

Hacer un negocio redondo To pull off a profitable deal.

Hacer un buen trabajo To do a good job.

Hacer un comentario sobre algo To comment on something / To make a comment about something.

Hacer un descuento del 5% To give a 5% discount.

Hacer un descuento importante To give a large discount.

Hacer un diagrama To draw up a diagram.

Hacer un estudio detallado To make a detailed study.

Hacer un informe To write a report.

Hacer un paquete To make a parcel.

Hacer un pedido de algo

To place an order for something / To order something.

Hacer un plan de marketing To make a marketing plan.

Hacer un presupuesto To prepare a budget / To make an estimate.

Hacer un promedio de To take an average of.

Hacer un resumen To make a summary.

Hacer un trabajo To do a job.

Hacer un trato To make a deal.

Hacer un último intento To make one final attempt.

Hacer un viaje a Miami To make a journey to Miami.

Hacer un viaje desde Miami a Madrid To travel from Miami to Madrid.

Hacer una comparación entre varias empresas To make a comparison between several companies

Hacer una compra To make a purchase.

Hacer una copia en limpio To make a clean copy.

Hacer una corta visita To make a short visit.

Hacer una distinción entre dos cosas To make a distinction between two things.

Hacer una encuesta To carry out a survey.

Hacer una evaluación del trabajo de alguien To assess someone's work.

Hacer una excepción To make an exception.

Hacer una fortuna To make a fortune.

Hacer una lista To make a list.

Hacer una llamada To make a call.

Hacer una observación To make a remark.

Hacer una oferta To make an offer.

Hacer una pausa en el trabajo To take a break from work.

Hacer una pregunta a alguien To ask someone a question.

Hacer una presentación To make a presentation.

Hacer una promesa To make a promise.

Hacer una rebaja To make a reduction / To sell at a discount.

Hacer una rebaja del 10% To take 10% off the price / To give 10% off.

Hacer una reserva To make a reservation.

Hacer una sugerencia a alguien To make a suggestion to someone.

Hacer una suma To add up.

Hacerle a alguien un favor To do someone a favour.

Hacerle a alguien una mala jugada To do someone a bad turn.

Hacerse a un lado To step aside / To move aside.

Hacerse cargo de algo To take charge of something.

Hacerse cargo de la situación To take charge of the situation.

Hacerse entender To make oneself understood.

Hacerse una idea de algo To get an idea of something.

Hacia finales de mes Towards the end of the month / Near the end of the month.

Hacia la derecha To the right / Towards the right.

Hacia la izquierda To the left / Towards the left.

Hacia las cuatro At about four o'clock.

Hacía tiempo que no coincidíamos! We haven't met for ages!

Hacia últimos de mayo Towards the end of May.

Haremos cuanto esté en nuestras manos We will do all that we can.

Hasta abajo Down to the bottom.

Hasta ahora Up to now / Until now.

Hasta allí That far.

Hasta altas horas de la noche Far into the night / Until very late at night.

Hasta aquí This far.

Hasta cierto punto To a certain extent / Up to a point.

Hasta donde yo pueda As far as I can.

Hasta el fin To the end.

Hasta el final Through to the end / Right to the end.

Hasta el presente Up to the present time / Up until now.

Hasta el último momento Up to the last moment / Up until the last moment.

Hasta entonces Up till then.

Hasta este nivel Up to this level.

Hasta hoy To this day.

Hasta la fecha Up to now / So far.

Hasta mañana por la

mañana Until tomorrow morning.

Hasta mañana! See you tomorrow!

Hasta nuevo aviso Until further notice.

Hasta qué punto? To what extent?

Hasta tal punto To such a point / To such an extent.

Hay algo que pueda hacer para ayudarle? Is there anything I can do to help you?

Hay interferencias en la línea There's a lot of interference on the line.

Hay mucho a favor de esa estrategia There's much to be said for that strategy.

Hay para rato It'll take quite a while.

Hay que hacer algo para aumentar nuestra cuota de mercado We must do something to increase our market share.

Hay que reconocer que One must acknowledge that.

He estado intentando localizarle I've been trying to get hold of him.

Hemos tenido conocimiento de su empresa a

través de We have learned about your company from.

Herramienta eficaz para aumentar las ventas Efficient tool to expand sales.

Hombre de negocios Businessman.

Hora de hacer algo Time to do something.

Hora de Nueva York New York time.

Hora punta Rush hour / Peak time.

Horario de atención al público Opening hours.

Horario de oficina Office hours / Business hours.

Horario de un programa Schedule / Timetable.

Horario laboral Working hours.

Horas extras Overtime.

Horas punta Busy hours.

Hospedarse en un hotel To stay at a hotel.

Hoy en día Nowadays.

Hoy hace un año A year ago today.

Hoy mismo This very day.

Hubo 10 votos a favor y 3 en contra There were 10 votes for and 3 against.

Huelga de trabajadores Workers' strike.

Huelga decir It goes without saying.

Huida de capitales Flight of capital.

I

Idéntico a algo Identical to something.

Identificar el problema principal To identify the main problem.

Ignorante de un hecho Ignorant of a fact.

Ignorar un hecho To ignore a fact.

Igual de precio The same price.

Igual de tamaño Of equal size / The same size.

Imagen corporativa Corporate image.

Imponer uno sus opiniones To impose one's opinions.

Importar materias primas To import raw materials.

Importarle algo a alguien To care about something.

Importarle poco a alguien To care little for something.

Importe abonado en cuenta The amount credited to your account.

Impresionado por algo Impressed by something.

Incapacidad laboral transitoria Temporary disability.

Incapaz de hacer algo Incapable of doing something.

Incidir directamente en los resultados To have an immediate effect on results.

Inclinarse hacia adelante To lean forward.

Inclinarse por una opinión To be inclined towards an opinion.

Incluir algo en una lista To include something on a list.

Incontables veces Countless times.

Incorporarse al trabajo la semana que viene To start work next week.

Incrementar el beneficio en un 3% To raise profits by 3%.

Incrementar el volumen de ventas To increase the sales volume.

Incrementar la cartera de clientes To widen our client base.

Incrementar los márgenes

de ventas To increase sales margins.

Incremento de sueldo Increase in wages / Pay rise.

Indemnización por accidente Accident compensation.

Independiente de alguien Independent of someone.

Independientemente de Independently of.

Indicar algo To point something out.

Indice de absentismo Rate of absenteeism.

Indice de precios al consumo Consumer price index.

Indice de rentabilidad Profitability ratio

Indice del coste de la vida Cost of living index.

Indiferente a algo Indifferent to something.

Inducir a alguien a error To lead someone into error.

Inferior al promedio Below average.

Inflación galopante Galloping inflation.

Influencia de algo sobre alguien Influence of something on someone.

Influir en los salarios To have an influence on salaries.

Influir negativamente en un negocio To have a negative effect on a business.

Influir positivamente en un negocio To have a positive effect on a business.

Influir sobre algo To influence something.

Influir sobre alguien To influence someone.

Información de primera mano First-hand information.

Informar a alguien de algo To inform someone of something / To inform someone about something.

Informar sobre To give an account of.

Informarse sobre algo To get information about something.

Informe anual Annual report.

Informe mensual Monthly report.

Informe semanal Weekly report.

Ingeniárselas para hacer algo To manage to do something.

Ingeniero de sistemas

Systems engineer.

Ingresos anuales Annual income.

Iniciar relaciones comerciales To begin a business relationship.

Inmediatamente después Immediately afterwards.

Inintencionadamente Unintentionally / By accident.

Insertar algo en To insert something in(to).

Insistencia sobre algo Insistence on something.

Insistir en algo To insist on something.

Insistir en hacer algo To insist on doing something.

Inspirado para hacer algo Inspired to do something.

Inspirado por algo Inspired by something.

Instrucciones incompletas Incomplete instructions.

Instruir a alguien en algo To instruct someone in something.

Intentar conseguir algo To make an attempt at getting something.

Intentar enfocar el problema de otra manera To try to look at the problem from a different angle.

Intentar hacer algo To try to do something.

Intercambio de opiniones Exchange of opinions.

Interesado en hacer algo Interested in doing something.

Interesado por algo Interested in something.

Interesarse por hacer algo To be interested in doing something.

Interferir en un asunto To interfere in an affair.

Interpretar algo al revés To get things the wrong way round.

Interrumpir a alguien To cut someone short.

Interrumpir al ponente To interrupt the speaker.

Interrumpir el viaje To break one's journey.

Interrumpir una conversación To interrupt a conversation.

Intervenir en el turno de preguntas To participate in a question-and-answer session.

Intervenir en una conversación To take part in a conversation.

Introducción de nuevos sistemas de trabajo

Introduction of new work procedures.

Introducir algo en To insert something in(to).

Introducir novedades en el diseño de nuevos productos To innovate in the design of new products.

Introducirse en el mercado To penetrate the market.

Inundado de agua Flooded by water.

Inversión arriesgada Risky investment.

Inversión de capital Capital investment.

Inversión inicial Initial investment.

Inversores extranjeros Foreign investors.

Invertir dinero en un negocio To invest money in a business.

Invertir en el extranjero To invest abroad / To make foreign investments.

Invertir en investigación To invest in research.

Investigación de mercado Market research.

Investigación y desarrollo Research and development

Investigar un asunto To inquire into a matter.

Invitar a alguien a cenar To invite someone to dinner / To treat someone to a dinner.

Invitar a alguien a entrar To invite someone in.

Invitar a alguien a salir To invite someone out.

Ir a buscar a alguien al aeropuerto To pick someone up at the airport.

Ir a buscar algo To fetch something / To go and look for something.

Ir a despedir a alguien To see someone off.

Ir a la bancarrota To go bankrupt.

Ir a la quiebra To go bankrupt.

Ir a medias To go halves.

Ir a parar en To end up in.

Ir a pie a la oficina To walk to the office.

Ir a por algo To go and get something.

Ir a saludar a alguien To go and say hello to someone.

Ir a toda velocidad To travel at full speed.

Ir a trabajar To go to work.

Ir a trabajar en autobús To go to work by bus.

Ir a un lugar To go to a place.

Ir a una exposición To go to

an exhibition.

Ir al grano To come to the point.

Ir al trabajo To go to work.

Ir bien (algo) To go right / To go well.

Ir con cuidado To be careful.

Ir con destino a To be bound for.

Ir con exigencias a alguien To make demands on someone.

Ir con los tiempos To move with the times.

Ir creciendo To be on the increase.

Ir de viaje a (un lugar) To travel to.

Ir en aumento To be on the increase.

Ir en avión To go by plane.

Ir en avión a Nueva York To fly to New York.

Ir hacia adelante To go forwards.

Ir hacia atrás To go backwards.

Ir mal (algo) To go wrong.

Ir por partes To proceed step by step / To go bit by bit.

Ir primero To go first.

Ir retrasado en los pagos To be in arrears with

payments.

Ir uno atrasado en el trabajo To be behind in one's work.

Ir y volver en una hora To go there and back in an hour.

Irrumpir en un lugar To burst into a place.

Irse de un hotel (después de pagar) To check out.

J

Jefe de almacén Warehouse Manager.

Jefe de Compras Head Buyer.

Jefe de Departamento Department Manager / Head of Department.

Jefe de Desarrollo de Negocio Business Development Manager.

Jefe de División Division Manager.

Jefe de Formación Training Manager.

Jefe de Marketing Marketing Manager.

Jefe de Personal Personnel

Manager.
Jefe de Producción Production Manager.
Jefe de Producto Product Manager.
Jefe de Proyecto Project Manager.
Jefe de Ventas Sales Manager.
Jefe Nacional de Ventas National Sales Director.
Jornada completa Full time.
Jóvenes compradores Young shoppers.
Jubilación anticipada Early retirement.
Jubilarse anticipadamente To retire early.
Juego completo Complete set.
Jugar un gran papel To play a great part.
Jugarse el todo por el todo To risk everything.
Junta de accionistas Shareholders' meeting
Junta directiva Board of directors.
Junta general General meeting.
Junto a Next to.
Junto con el pedido número X Together with order No X.

Justamente a tiempo Just in time.
Justamente ahora Just now.
Justo en el momento oportuno Just at the right time.
Juzgar a alguien por algo To judge someone by something.
Juzgar apresuradamente To jump to conclusions.
Juzgar por las apariencias To judge from appearances.

L

La afluencia de productos del extranjero The influx of foreign products.
La asistencia a la reunión es obligatoria Attendance at the meeting is compulsory.
La calidad de los productos es de suma importancia Product quality is of prime importance.
La cifra de la esquina inferior izquierda de la

diapositiva The figure at the bottom left-hand corner of the slide.

La compañía pierde dinero con este producto The company makes a loss on this product.

La competencia de los países de Extremo Oriente Competition from countries in the Far East.

La contraoferta de nuestro cliente Our customer's counter-offer.

La decisión de expandir el mercado nacional The decision to expand the home market.

La distribución más amplia posible para esta línea de productos The widest possible distribution for this product line.

La entrada de productos más baratos The entry of cheaper products.

La estructura financiera de la empresa The company's financial structure.

La extensión es la 654 The extension is 654.

La factura antes mencio-nada The above mentioned invoice.

La factura vence a los 30 días The invoice falls due at 30 days.

La fecha de entrega es el 14 de junio The delivery date is 14th June.

La fecha tope para la entrega de solicitudes es el dos de mayo The closing date for applications is 2nd May / The deadline for applications is May 2nd.

La garantía de nuestros productos cubre Our product guarantee covers.

La garantía permite la devolución de la mercancía defectuosa The guarantee permits the return of defective goods.

La hora de la verdad The moment of truth.

La información completa está disponible en nuestro catálogo Full information is available from our catalogue.

La interpretación de los datos recogidos en la encuesta The interpretation of data collected in the survey.

La jornada es de 8 horas The work day is 8 hours.

La línea azul representa el

importante descenso en
The blue line represents the sharp fall in.

La línea comunica The line is busy.

La línea negra punteada muestra los resultados del año anterior The dotted black line shows the results from the previous year.

La línea roja discontinua muestra los ingresos en el segundo trimestre The broken red line shows second quarter income.

La marcha de la campaña How the campaign is going.

La mayor parte de ellos Most of them.

La mayor parte del tiempo Most of the time.

La mercancía pedida The goods ordered.

La mercancía llegó en el plazo previsto The goods arrived on time.

La mesa de negociación The negotiating table.

La mitad de abajo The bottom half.

La mitad de arriba The top half.

La mitad de ellos Half of them.

La mitad de la población Half of the population.

La nueva lista de precios The new price list.

La opinión del cliente Customer opinion.

La parada de taxis más cercana The nearest taxi rank.

La parte de abajo The bottom part.

La parte de arriba The top part.

La penúltima vez The time before last.

La política de la empresa The policy of this firm.

La posición de la empresa respeto a sus competidores The company's position in relation to its competitors.

La posición que ocupamos en el mercado Our position in the market.

La presentación consta de tres partes The presentation consists of three parts.

La presentación de los resultados The presentation of the results.

La presentación está dividida en cuatro partes The presentation is divided into four parts.

La primera vez The first time.

La próxima vez Next time.

La próxima vez que The next time (that).

La pura verdad The plain truth.

La razón por la que The reason for.

La semana antepasada The week before last.

La semana pasada Last week.

La semana que viene Next week.

La semana siguiente The following week.

La semana siguiente a la próxima The week after next.

La situación actual del mercado The current market situation.

La tarde siguiente The following evening / The next evening.

La tendencia actual The current trend.

La tendencia del mercado es al alza The market is tending to rise.

La transparencia está al revés The slide is the wrong way up.

La última fila The back row.

La última vez Last time.

La última vez que The last time (that).

La verdad es The truth is.

La viabilidad del proyecto The project's viability / The feasibility of the project.

Lamentablemente tengo otro compromiso Unfortunately I have another commitment.

Lamentarse por algo To regret something.

Lanzamiento de un producto Launching of a product / Product launch.

Lanzar una indirecta To drop a hint.

Lanzar una nueva línea de productos To launch a new line of products.

Las barras en color del gráfico The coloured bars on the chart.

Las barreras de entrada de un mercado The barriers to entry into a market.

Las conclusiones alcanzadas como resultado de The conclusions reached as a result of.

Las condiciones acordadas The agreed conditions.

Las condiciones de pago

The conditions of payment.
Las condiciones económicas actuales The current economic conditions.
Las condiciones que se dan el mercado exterior Foreign market conditions.
Las cosas van mejor Things are going better / Things are improving.
Las cualidades que se requieren para el puesto The qualities required for the job.
Las entrevistas tendrán lugar en Interviews will be held in.
Las estadísticas publicadas por Statistics published by.
Las líneas están ocupadas The lines are busy.
Las negociaciones están en punto muerto Talks have reached deadlock.
Las pérdidas alcanzaron valores elevados There were heavy losses.
Las perspectivas de crecimiento The outlook for growth.
Las ventas están ligeramente por encima de lo previsto Sales are slightly

above forecast.
Le adjunto mi CV para su consideración I enclose my CV for your consideration.
Le agradezco mucho su ayuda I really appreciate your assistance.
Le digo que le llame a usted? Can I get him to call you back?
Le enviaremos una muestra a prueba We will send you a sample on approval.
Le han pasado con la extensión equivocada They have put you through to the wrong extension.
Le pasaré con el Sr. X I'll put you through to Mr X.
Le paso otra vez con la centralita I'll pass you back to the switchboard.
Le puedo ayudar yo? Can I be of any help? / Can I help you?
Le vendría bien a las 9 de la mañana? Would 9 a.m. suit you?
Leer acerca de algo To read about something.
Leer algo a alguien To read something to someone.
Leer algo en alta voz To

read something aloud.

Leer algo en una revista To read something in a magazine.

Leer sobre algo To read about something.

Leer un párrafo a alguien To read someone a paragraph.

Leer una lista (en voz alta) To read out a list.

Les agradecemos su solicitud en relación con nuestros productos Thank you for your enquiry concerning our products.

Les agradeceríamos nos contesten cuanto antes We would be grateful for an early reply.

Les agradeceríamos nos enviasen su catálogo We would be grateful if you could send us your catalogue.

Les comunicamos que We wish to inform you that.

Les quedaríamos muy agradecidos si We should be very grateful if.

Les saluda atentamente Yours sincerely / Yours faithfully.

Les sugeriría que I would suggest that you.

Levantar la mano To raise one's hand.

Levantar la voz To raise one's voice.

Levantarse a las seis de la mañana To get up at six in the morning.

Levantarse de la mesa To leave the table.

Levantarse de una silla To get up from a chair.

Ley de la oferta y la demanda Law of supply and demand.

Librarse de To get rid of.

Librarse de hacer algo To get out of doing something.

Librarse de un compromiso To get out of a commitment.

Libre competencia Free competition.

Libre de gastos Free of charge.

Libre de impuestos Tax free.

Libre de toda sospecha Free of suspicion.

Libre empresa Free enterprise.

Licencia de exportación Export license.

Licencia de importación Import license.

Líder del mercado Market

leader.
Limitarse a hacer algo To confine oneself to doing something.
Línea comercial Line of business.
Línea de montaje Assembly line.
Línea de producción Production line.
Línea de productos Product line.
Liquidación de existencias Clearance sale
Liquidar una cuenta To settle an account.
Liquidar una deuda To pay off a debt.
Líquidos inflamables Flammable liquids.
Lista de contenidos Table of contents.
Lista de direcciones Mailing list.
Lista de materiales List of materials.
Lista de precios Price list.
Listo (inteligente) para hacer algo Clever at doing something.
Listo (preparado) para hacer algo Ready to do something.
Llamada a cobro revertido Reverse charge call.

Llamar a alguien al móvil To call someone on his/her mobile.
Llamar a alguien para que baje To call someone down.
Llamar a alguien para que entre To call someone in.
Llamar a alguien para que salga To call someone out.
Llamar a alguien para que suba To call someone up.
Llamar a alguien por su nombre To call someone by name.
Llamar a alguien por teléfono To ring someone up / To phone someone.
Llamar a la centralita To call the switchboard.
Llamar a la puerta To knock on the door / To knock at the door.
Llamar a los siguientes números de teléfono To call the following telephone numbers.
Llamar a un taxi To call a taxi / To hail a taxi.
Llamar al ascensor To call the lift.
Llamar al número directo To call the direct line.
Llamar al orden To call to order.

Llamar de parte de alguien To call on behalf of someone.

Llamar desde (un sitio) To call from (somewhere).

Llamar después del trabajo To call after work.

Llamar fuera de las horas de oficina To phone outside work time.

Llamar la atención To attract attention.

Llamar la atención de alguien To attract someone's attention.

Llamar lo antes posible To call as soon as possible.

Llamar mañana To call tomorrow.

Llamar más tarde To call back later.

Llamar otra vez To call back.

Llamar para avisar que se ha retrasado el vuelo To call to say that the flight has been delayed.

Llamar para pedir algo To call to ask for something.

Llamar para preguntar To call to enquire.

Llamar para preguntar por el estado del pedido To phone about an order.

Llamar por el anuncio de trabajo To call about the job advertised.

Llamar por teléfono To make a telephone call.

Llamar por teléfono a alguien To ring someone up / To phone someone.

Llamar por teléfono al hotel To ring up the hotel / To phone the hotel.

Llamar por un asunto urgente To phone about an urgent matter.

Llamar tan pronto como él llegue To call as soon as he arrives.

Llamar un poco más tarde To call back a bit later on.

Llame usted a mi número directo Call my direct line.

Llegar a la estación To arrive at the station.

Llegar a la oficina To arrive at the office / To get to the office.

Llegar a niveles alarmantes To reach an alarming level.

Llegar a saber algo To get to know something.

Llegar a tiempo To arrive on time.

Llegar a tiempo de hacer algo To be in time to do something.

Llegar a un acuerdo To

come to an agreement / To reach an agreement.

Llegar a un acuerdo con alguien To reach an agreement with someone.

Llegar a un acuerdo con To come to an agreement with

Llegar a un acuerdo sobre algo To come to an agreement about something.

Llegar a un arreglo To reach a compromise.

Llegar a una conclusión To arrive at a conclusion.

Llegar a una conclusión apresurada To come to a hasty conclusion.

Llegar al final del discurso To reach the end of the talk.

Llegar al fondo del asunto To get to the bottom of the matter.

Llegar antes de lo previsto To arrive ahead of schedule.

Llegar cinco minutos tarde To arrive five minutes late.

Llegar con anticipación To arrive ahead of time / To arrive in good time / To arrive early.

Llegar con tiempo To arrive in good time.

Llegar de Miami To arrive

from Miami.

Llegar en el avión de la una To arrive on the 1 o'clock plane.

Llegar en punto To arrive on time.

Llegar hasta el punto de hacer algo To go so far as to do something.

Llegar pronto To be early / To arrive early.

Llegar puntual a una cita To arrive on time for an appointment.

Llegar puntualmente To arrive on time / To arrive punctually.

Llegar tarde a la reunión To turn up late for the meeting.

Llegar tarde a trabajar To be late for work.

Llegar tarde a una cita To arrive late for an appointment.

Llegar temprano To be early.

Llegar un poco más tarde To arrive a little bit later on.

Llegar uno a su destino To reach one's destination.

Llevar a buen término To carry something out successfully.

Llevar a cabo el inventario

de las existencias To carry out a stocktaking.

Llevar a cabo un análisis DAFO To carry out a SWOT analysis.

Llevar a cabo un plan To carry out a plan.

Llevar a cabo un programa de reducción de costes To carry out a cost-cutting program.

Llevar a cabo una encuesta To carry out a survey.

Llevar a cabo una valoración con criterios objetivos To make an objective valuation.

Llevar a efecto To put into effect.

Llevar algo a alguien To take something to someone.

Llevar algo a algún sitio To carry something somewhere.

Llevar algo adelante To go ahead with something.

Llevar algo consigo To carry something about.

Llevar el negocio To run the business.

Llevar el trabajo atrasado To be behind with one's work.

Llevar las cuentas To keep the accounts.

Llevar mucho tiempo (tardar) To take a long time.

Llevar un muestrario To take some samples along.

Llevar una conversación To carry on a conversation.

Llevarse bien con alguien To get along well with someone.

Lo antes posible As soon as possible.

Lo cierto es que The fact is that.

Lo haré inmediatamente I'll do it right away.

Lo más pronto At the earliest.

Lo más pronto posible As soon as possible.

Lo más tarde At the latest.

Lo más temprano At the earliest.

Lo mejor que uno pueda To the best of one's ability.

Lo mismo The same.

Lo mismo da It's the same / It makes no difference.

Lo mismo me da It's all the same to me.

Lo opuesto a The opposite of.

Lo pasé estupendamente I had a wonderful time.

Lo que no deberíamos hacer es What we should not do is.

Lo que pasa es que The thing is that.

Lo que sugiero es lo siguiente What I suggest is that.

Lo sé de fuentes fidedignas I have it on good authority.

Lo siguiente que hay que hacer es The next thing to do is.

Local comercial Business premises.

Localizar a alguien To get hold of someone.

Logotipo de una empresa Company logo.

Lograr hacer algo To succeed in doing something / To manage to do something.

Lograr un beneficio de casi un millón de euros To make almost a million euros profit.

Lograr una alta tasa de crecimiento To reach a good growth rate.

Los acreedores y los proveedores Creditors and suppliers.

Los beneficios dismi- nuyeron por primera vez desde hace seis años Profits decreased for the first time in six years.

Los deseos del cliente The customer's wishes.

Los lunes por la mañana On Monday mornings.

Los márgenes de beneficio son reducidos The profit margins are low.

Los nuevos modelos ampliarán nuestra gama actual The new models will extend our current range.

Los números de pedido se indican a continuación Order numbers are quoted below.

Los pasados días The past few days.

Los pasos a seguir The steps to be followed.

Los picos y valles (de una gráfica) Peaks and troughs.

Los pros y los contras The pros and cons.

Los restantes All the others.

Los resultados de la encuesta sugieren que The results of the survey suggest that.

Los resultados se aproxi-

man al pronóstico The results are roughly in line with the forecast.

Los tres anteriores The previous three.

Los tres primeros The first three.

M

Malgastar tiempo / dinero To waste time / money.

Mandar a por algo To send for something.

Mandar algo a alguien To send someone something / To send something to someone.

Mandar algo por correo To send something by post.

Mandar cartas To send letters.

Mandar las invitaciones con tiempo To send out the invitations in good time.

Mandar pasar a alguien To call someone in.

Mandar pasar a alguien al despacho To call someone into the office.

Mandar por algo To send for something.

Mandar un mensaje a alguien To send someone a message.

Mandar una carta a alguien To send someone a letter.

Mandar venir a alguien To send for someone.

Mandar volver a alguien To call someone back.

Manejar con cuidado Handle with care.

Mano de obra cualificada Skilled labour.

Mano de obra no cualificada Unskilled labour.

Mantener al corriente To keep up to date.

Mantener el liderazgo en el sector To remain the market leader.

Mantener el negocio en los niveles actuales To keep business at current levels.

Mantener el nivel de competitividad To maintain the level of competitiveness.

Mantener la palabra dada To keep one's word.

Mantener precios en niveles actuales To keep prices at current levels.

Mantener una entrevista

personal To attend a personal interview.

Mantener una posición negociadora To keep an open outlook.

Mantenerse al corriente de To keep abreast of.

Mantenerse en comunicación con To keep in touch with.

Mantenerse estable To remain stable.

Mañana a estas horas This time tomorrow.

Mañana a más tardar Tomorrow at the latest.

Mañana por la mañana Tomorrow morning.

Mañana por la mañana temprano Early tomorrow morning.

Mañana por la noche Tomorrow night.

Mañana por la tarde Tomorrow afternoon / Tomorrow evening.

Mañana sin falta Tomorrow without fail.

Marca líder Leading brand.

Marca registrada Trademark

Marcar el número correcto To dial the right number.

Marcar el número equivocado To dial the wrong number.

Marcar un número (teléfono) To dial a number.

Marcar una extensión To dial an extension.

Marcharse de vacaciones To go away for a holiday.

Marcharse de viaje To go on a journey / To go away on a trip.

Margen de beneficio Profit margin.

Más abajo Further down.

Más arriba Further up.

Más atrás Further back.

Más bien Rather.

Más claro que el agua Crystal-clear.

Más de diez personas More than ten people.

Más de un millón Over a million.

Más de una vez More than once.

Más difícil es determinar It's more difficult to find out.

Más gente que nunca More people than ever.

Más hacia adelante Further forwards.

Más hacia atrás Further backwards.

Más hacia la derecha Further to the right.

Más hacia la izquierda

Further to the left.

Más o menos More or less.

Más que suficiente More than enough.

Más tarde Later on.

Más tarde o más temprano Sooner or later.

Más vale hacer algo It is better to do something.

Más y más rápido Faster and faster.

Matarse a trabajar To work oneself to death.

Materia prima Raw material.

Material de oficina Office supplies.

Material publicitario Advertising material.

Mayorista Wholesaler.

Me apuesto lo que quieras I bet you anything.

Me complace comunicarle de que I am pleased to advise that.

Me cuesta creerlo I find that hard to believe.

Me da igual It makes no difference to me.

Me da igual It's all the same to me.

Me dirijo a ustedes con el objeto de ofrecerles mis servicios I am writing to you to offer my services.

Me doy cuenta de ello I'm aware of that.

Me gustaría empezar por hablar de la competencia I'd like to begin by talking about our competitors.

Me gustaría señalar que I would like to point out that.

Me gustaría tener la oportunidad de hablarlo con usted I'd like an opportunity to discuss it with you.

Me han dicho que I've been told that.

Me han hablado mucho de usted I've heard a lot about you.

Me han pedido hablar brevemente hoy sobre I have been asked to talk briefly today about.

Me he enterado de que It has come to my attention that.

Me interesaría conocer su opinión sobre I should be interested to know your opinion of.

Me lo puede repetir, por favor? Could you repeat it, please?

Me ocuparé personalmente de este asunto I'll take care of the matter personally.

Me parece bien, pero That's all very well, but.

Me permito sugerirle que I should like to suggest that you.

Me puede informar sobre las horas de oficina? Can you tell me what your business hours are?

Me puede pasar con? Would you put me through to?

Me puede repetir el número de teléfono? Could you say the phone number again?

Me temo que ha salido I'm afraid he's out.

Me tiene a su entera disposición I'm entirely at your service.

Media hora más tarde Half an hour later.

Mediante el pago de 100 euros On payment of 100 euros.

Mediante petición On demand.

Mediante solicitud On request.

Medios de comunicación The media.

Medios de producción Means of production.

Medios de publicidad Advertising media.

Medios de transporte Means of transport.

Medios empresariales Business circles.

Meditar algo To think something over.

Mejor aún Even better.

Mejor que mejor So much the better.

Mejor que nada Better than nothing.

Mejora de las condiciones salariales Salary improvements.

Mejorar la calidad en la producción To improve production quality.

Mejorar la imagen corporativa To improve corporate image.

Mejorar la productividad To improve productivity.

Mejorar los niveles de producción To improve production levels.

Mejorar notablemente To improve notably.

Membrete de una carta Letterhead.

Memoria del balance del año Balance sheet.

Mencionado anteriormente Afore-mentioned.

Mencionar algo a alguien
To mention something to
someone.

**Mencionar algo en pre-
sencia de alguien** To
mention something in
someone's presence.

**Mencionar un asunto
brevemente** To touch on a
matter.

Menos mal que Just as well
that.

Mensualidad Monthly
payment.

Mercado creciente Growing
market.

Mercado exterior Foreign
market / Overseas market.

Mercado interior Domestic
market / Home market.

Mercado internacional
International market.

Mercado nacional
Domestic market.

Mercado potencial
Potential market.

Mercancía dañada
Damaged goods.

Mercancía defectuosa
Defective goods.

Mercancía disponible
Goods in stock.

Mercancía en depósito
Goods on consignment.

**Mercancía preparada para
expedición** Goods ready
for dispatch

Mercancías peligrosas
Dangerous goods.

Mercancías perecederas
Perishable goods.

Merecer la pena To be
worthwhile.

Merecer la pena hacerse
To be worth doing.

Mes tras mes Month after
month.

Mesa de despacho Desk

Mesa de negociaciones
Negotiating table.

Meter la pata To put one's
foot in it.

Meter prisa a alguien To
hurry someone up.

**Meter prisa a alguien para
que haga algo** To hurry
someone into doing
something.

Meterse con alguien To
pick up a quarrel with
someone.

Meterse en asuntos ajenos
To meddle in other people's
affairs.

Meterse en deudas To get
into debt.

Meterse en dificultades To
get into difficulties.

Meterse en negocios To go
into business.

Método de muestreo
Sampling method.

Métodos de trabajo
Working methods.

Mi objetivo principal hoy es
My main purpose today is.

Mi opinión personal es que
My personal opinion is that.

Mi posición al respecto
My position on the matter.

Mi próximo viaje a España será en mayo My next trip to Spain will be in May.

Mi vuelo sale muy temprano por la mañana My flight leaves very early in the morning.

Miembro del comité
Committee member.

Mientras estaba fuera
While I was away / While I was out.

Mientras tanto In the meantime / Meanwhile.

Mirándolo desde otro punto de vista Looking at it another way.

Mirándolo desde un punto de vista distinto Looking at it from a different standpoint.

Mirar al futuro To look ahead.

Mirar algo por encima To give something a quick

look-over.

Mirar alrededor To look about / To look around.

Mirar directamente a alguien To look straight at someone.

Mirar hacia atrás To look back.

Mirar hacia el futuro To look to the future.

Mirar la hora To look at the time.

Mirar por encima un documento To glance over a document.

Modernizar el departamento To modernize the department.

Molestar a alguien To bother someone / To trouble someone.

Molestarse en hacer algo To take the trouble to do something.

Molestarse por algo (ofenderse) To get angry about something.

Molesto por algo Annoyed at something.

Monopolizar el mercado To monopolize the market.

Mostrador de recepción Reception desk.

Mostrar a alguien la salida To show someone the way

out.

Mostrar algo a alguien To show someone something / To show something to someone.

Mostrar el progreso de la compañía (con un diagrama) To show company progress on a chart.

Mostrar interés por trabajar en una empresa To show interest in working in a company.

Mostrar mucho interés por algo To show great interest in something.

Mostrar respeto a alguien To show respect to someone.

Mostrar señales de To show signs of.

Mostrar sorpresa To show surprise.

Mostrar un borrador To show a draft.

Mostrar un esquema To show a chart.

Mostrar una tendencia muy acusada To show a very marked tendency.

Muchas gracias por venir Many thanks for coming.

Muchas veces Very often / Many times.

Mucho mejor Far better / Much better.

Mucho tiempo A long time.

Mucho tiempo antes Long before / A long time before.

Mucho tiempo después Long after / A long time after.

Muchos de ellos Many of them.

Muestra claramente el desequilibrio existente entre Clearly shows the great imbalance that exists between.

Muestra gratis Free sample.

Mujer de negocios Businesswoman.

Mutua de seguros Mutual insurance company.

Muy agradecido Much obliged.

Muy al contrario Quite the contrary.

Muy interesado por Very interested in.

Muy metido en el asunto Deeply involved in a matter.

Muy probablemente Very likely / Most likely.

Muy pronto Very soon.

Muy puntual Very punctual.

Muy Sr. mío Dear Sir.

Muy Sres. míos Dear Sirs.

N

Nada de particular Nothing special.

Nada en absoluto Nothing at all / Absolutely nothing.

Nada más Nothing else.

Nadie más Nobody else.

Necesidad de cambiar de estrategia Need to change strategy.

Necesitar algo To need something.

Necesitar una estrategia de diversificación coherente To need a coherent diversification strategy.

Necesitar una red de distribución más amplia To need a wider distribution network.

Necesitar urgentemente To badly need.

Negar con la cabeza To shake one's head.

Negar haber hecho algo To deny doing something.

Negarse a colaborar con alguien (en un proyecto) To refuse to collaborate with someone.

Negarse a hacer algo To refuse to do something.

Negociación de condiciones comerciales Negotiation of business terms.

Negociar con alguien To do business with someone.

Negociar una venta To negotiate a sale.

Negocios en Internet E-business.

Ni hablar de eso It's out of the question.

Ni pensarlo! Not a bit of it! / Not by any means!

Ni que decir tiene It goes without saying / Needless to say.

Ni siquiera Not even.

Ni una palabra más Not another word.

Ni una vez siquiera Not even once.

Nivel de absentismo Absentee rate.

Nivel de precios Price level.

Nivel de salarios Wage level / Salary level.

Nivel de vida Standard of living.

No acabar de decidirse To be unable to make up one's mind.

No acabar de entender por qué es así Not to understand why that should be the case.

No aceptar el nombramiento Not to accept the nomination.

No admitir devoluciones de la mercancía Not to accept returned goods.

No andarse con rodeos To get straight to the point.

No aprobar algo Not to approve something.

No cabe duda There's no doubt (about it).

No conozco a nadie aquí I don't know anybody here.

No conseguir el propósito To fall short of the aim.

No consigo conectar con ellos I can't get through to them.

No contar con suficientes medios Not to have enough resources.

No contestar To make no reply.

No cuelgue, por favor Hold on, please.

No cumplir la palabra dada To break one's word.

No dar abasto con To be unable to keep up (with).

No dar pistas a los rivales sobre la estrategia comercial Not to give competitors any indication of one's sales strategy.

No dejar cabos sueltos To leave no loose ends.

No dejar duda alguna To leave no doubt.

No dejar entrar a alguien To keep someone out.

No dejar nada imprevisto To leave nothing to the unexpected.

No dejar nada por hacer To leave nothing undone.

No dejar salir algo To keep something in.

No dejes de hacerlo Be sure to do it.

No dirigirse la palabra Not to be on speaking terms.

No discutamos Let's not argue / Let's not have an argument.

No disponemos de almacenaje suficiente We do not have enough storage space.

No dude en llamarme Don't hesitate to call me.

No dude en ponerse en contacto con nosotros Please do not hesitate to contact us.

No encontrar un candidato

adecuado para el puesto
To be unable to find the right (sort of) candidate for the post.

No encontrarse en la oficina en ese momento
To be out of the office at the moment.

No encontré un taxi en el aeropuerto I couldn't get a taxi at the airport.

No encuentro su número de teléfono en la guía I can't find their phone number in the directory.

No entender la última letra / número Not to catch the last letter / number.

No entender palabra Not to understand a single word.

No es de extrañar It's not surprising.

No es el momento para It's not the right time to.

No es extraño que It's not surprising that.

No es gran cosa It's not important.

No es lo mío en absoluto It's not my thing at all.

No es molestia en absoluto It's no trouble at all.

No es nada fácil It's not at all easy.

No esforzarse To make no effort.

No esperaba verle por aquí! I didn't expect to see you here!

No está nada mal It's not bad at all.

No estar al corriente de algo To be unaware of something.

No estar autorizado para actuar Not to be authorized to act.

No estar de acuerdo con algo To be in disagreement with something.

No estar de acuerdo con alguien No to agree with someone.

No estar de acuerdo con alguien en un punto To differ with someone on a point.

No estar de acuerdo con la política de la empresa Not to be in agreement with company policy.

No estar de servicio To be off duty.

No estar en condiciones de Not to be in a position to.

No estar en el despacho en ese momento Not to be in the office at the moment.

No estar en la oficina Not to be in the office / To be

out.

No estar familiarizado con el tema To be unfamiliar with the matter.

No estoy en posición de hacer declaraciones al respecto I'm not in a position to make a statement on the issue.

No guardar ninguna relación con To bear no relation whatsoever to.

No hace mucho tiempo Not long ago.

No hacer caso a alguien To take no notice of someone.

No hacer caso de algo To take no notice of something.

No hacer comentarios sobre algo To make no comment on something.

No hacer nada To do nothing.

No hay de qué Not at all / Don't mention it.

No hay derecho It's not fair.

No hay forma de saber cómo There's no knowing how.

No hay línea The line's dead.

No hay más alternativa que There's nothing left to do but.

No hay ninguna duda de eso There's no doubt about that.

No hay problema alguno There's no problem at all.

No hay que tomarlo en serio You mustn't take it seriously.

No hay quien lo entienda It's impossible to understand.

No hay razón para que There's no reason why.

No hay servicio postventa There's no after-sales service.

No hay tiempo que perder There is no time to lose.

No importa Never mind / It doesn't matter.

No importa lo que hagas No matter what you do.

No importarle algo a alguien To be of no importance to someone.

No le entretengo más I won't keep you any longer.

No lejos de Not far from.

No llegar a hacer algo To fail to do something / To fail in doing something.

No llegar a un acuerdo con Not to reach an agreement with.

No llegar al salario mínimo

Not to reach the minimum wage.

No lograr alcanzar la media Not to manage to reach the average.

No me atrae la idea The idea doesn't appeal to me.

No me convence demasiado esta idea I'm not too keen on this idea.

No mencionó nada sobre su dimisión He made no mention of his resignation.

No merece la pena It's not worth the trouble / It's not worth it.

No merece la pena arriesgarse It's not worth the risk.

No mucho más tarde de las ocho Not long after eight.

No mucho tiempo después Not long afterwards.

No muy lejos Not far away.

No nos dejemos engañar Don't let's be fooled.

No nos es posible efectuar la entrega dentro del plazo acordado We are unable to make delivery at the agreed time.

No obtener los resultados esperados Not to get the expected results.

No obtener respuesta Not to receive a reply.

No olvidar algo (tener presente) Not to forget something.

No perder de vista a alguien To keep an eye on someone.

No perder el control de uno mismo To keep one's self-control.

No perder la calma To keep one's temper.

No podemos aceptar su oferta en estos momentos We cannot accept your offer at present.

No podemos dar detalles por teléfono We can't give details over the phone.

No poder asistir a la reunión Not to be able to attend the meeting.

No poder hacer algo To be unable to do something.

No poder más To be exhausted.

No poner objeciones a algo To have no objections to something.

No saber el número de la extensión Not to know the extension number.

No se admite la devolución de la mercancía Goods may not be returned.

No se admiten devoluciones No returned goods (accepted)

No se puede negar que It's undeniable that.

No se puede poner al teléfono ahora He can't take your call right now.

No se trata de una tienda cualquiera It's no ordinary shop.

No ser el responsable Not to be the one in charge.

No ser rentable (un negocio) Not to be profitable.

No ser representativo Not to be representative.

No ser una venta al contado Not to be a cash sale.

No siempre Not always.

No solamente Not only.

No sólo... sino también Not only... but also.

No tener alternativa To have no choice.

No tener conocimiento de To have no knowledge of.

No tener disponibilidad para viajar Not to be free to travel.

No tener distribuidores en un país Not to have distributors in a country.

No tener en cuenta To leave out of account.

No tener existencias de un producto Not to have the goods in stock.

No tener importancia To be of no importance.

No tener intención de hacer algo To have no intention of doing something.

No tener la responsabilidad de To have no responsibility for.

No tener más alternativa que To have no choice but to.

No tener nada que objetar To have no objections to make.

No tener nada que ver con To have nothing to do with.

No tener ningún inconveniente en (hacer algo) To have no objection to (doing something).

No tener otra alternativa To have no other alternative.

No tener otra alternativa que continuar con la estrategia To have no other choice but to continue with the strategy.

No tener razón To be

wrong.

No tener sentido To make no sense.

No tener tiempo para hacer algo To have no time to do something.

No tener tiempo para hacer cambios en To have no time to make changes to.

No tener una secretaria disponible Not to have a secretary available.

No tiene arreglo (un problema) There's no solution.

No tiene lógica There's no logic to it / It's not logical.

No tomar parte Not to take part.

No tomarse interés en hacer algo To take no interest in doing something.

No vale la pena It's not worth the trouble / It's not worthwhile.

No vale para nada It is of no use.

No venir al caso To be beside the point.

No voy a poder ir después de todo I won't be able to go after all.

Nombre comercial Business name / Trade name.

Nos complace hacerles

llegar el siguiente presupuesto We are pleased to provide the following estimate.

Nos complace saber que We are pleased to learn that.

Nos enfrentamos a una situación adversa We are facing an unfavourable situation.

Nos interesaría disponer de más información sobre el asunto We would be interested in learning more about the matter.

Nos permitimos recordarles que la factura ha vencido We would like to remind you that payment is overdue.

Nos permitimos señalarles que hay un error en la factura Please note that there is a mistake in the invoice.

Nos permitimos sugerirles que se pongan en contacto con We suggest that you get in touch with.

Nos pone en una situación difícil It puts us in an awkward situation.

Nos ponemos en contacto con ustedes para

ofrecerles nuestros servicios We are contacting you to offer our services.

Nos presentaron en la última reunión de ventas They introduced us at the last sales meeting.

Nos referimos a We refer to.

Nota de entrega Delivery note.

Notificar a alguien algo To notify someone of something.

Nuestra previsión para los próximos seis meses es Our forecast for the next six months is.

Nuestra sede central está en Boston Our head office is in Boston.

Nuestra sede se ha trasladado Our head office has moved.

Nuestra última conversación telefónica Our last telephone conversation.

Nuestras condiciones de venta son las siguientes Our conditions of sale are as follows.

Nuestro catálogo actualizado Our latest catalogue.

Nuestro gerente se encuentra en un viaje de negocios Our director is away on a business trip.

Nuestro principal proveedor tiene agotadas las existencias Our main supplier is currently out of stock.

Nuestros descuentos se indican en el catálogo Discounts are shown in the catalogue.

Nuestros precios son imbatibles Our prices are unbeatable.

Nuestros precios ya no son competitivos Our prices are no longer competitive.

Nuevas perspectivas New perspectives.

Nueve de cada diez Nine out of ten.

Nuevo en el empleo New to the job.

Nuevos hábitos de consumo New shopping habits.

Nuevos negocios New business.

Nuevos retos New challenges.

Número de cuenta Account number.

Número de pedido Order

number.
Número de reserva
Booking number.

O

O algo parecido
Or something similar /
Or something like that.
O sea That is (to say).
Obedeciendo las órdenes de alguien In obedience to someone's orders.
Objetivos a corto plazo
Short-term objectives.
Objetivos a largo plazo
Long-term objectives.
Obligar a alguien a hacer algo To force someone to do something.
Obrero cualificado Skilled worker.
Obrero no cualificado
Unskilled worker.
Observaciones sobre algo
Remarks on something.
Obtener beneficios To make a profit.
Obtener información To obtain information from.
Obtener la mayoría

absoluta To obtain an absolute majority.
Obtener respuesta To get a response.
Obtener resultados por encima de lo esperado To get better results than expected.
Obtener un beneficio de dos millones de euros.
To make a profit of two million euros.
Obtener un buen resultado de To get a good result from.
Obtener un premio To get a prize.
Obtener una respuesta positiva To receive a positive reply.
Ocasión de celebrar algo
Occasion to celebrate something.
Ocho veces de cada diez
Eight times out of ten.
Ocultar algo a alguien To hide something from someone.
Ocupar el puesto de director To hold the post of director.
Ocupar el puesto durante mucho tiempo To hold the post for a long time.
Ocupar tiempo To take up

time.

Ocuparse de algo To see to something.

Ocuparse de organizar los viajes de negocios To take care of organizing business trips.

Ocuparse en algo To busy oneself with something.

Oferta anual de empleo en el sector Number of jobs available each year in the sector.

Oficial de aduana Customs officer.

Oficina central Head office.

Oficina de correos Post office.

Oficina de empleo Employment office.

Oficina de información Information bureau.

Oficina del director Manager's office.

Ofrecer a alguien dinero por algo To offer someone money for something.

Ofrecer algo a alguien To offer something to someone.

Ofrecer propuestas To put forward proposals.

Ofrecer servicios a través de Internet To offer services through (the) Internet.

Ofrecer un descuento del 30% To offer a 30% discount.

Ofrecerse para hacer un trabajo To offer to do a job.

Ofrecerse para un empleo To apply for a job.

Ofrecerse voluntario para hacer algo To volunteer to do something.

Ofrecerse voluntario para una tarea To volunteer for a task.

Oír acerca de algo To hear about something.

Olvidar algo en algún sitio To forget something somewhere.

Olvidarse de algo To forget about something.

Olvidarse de hacer algo To forget to do something.

Omitir algo To leave something out.

Operario de mantenimiento Maintenance worker.

Opinar de forma objetiva sobre un asunto To give an objective opinion on a matter.

Opinar sobre un asunto To give one's view on a matter.

Opinión mayoritaria

Majority opinion.
Opinión minoritaria
Minority opinion.
Opinión sobre Opinion on /
Opinion about.
Oponerse a algo To be
opposed to something.
Oponerse a hacer algo To
be against doing something.
Oportunidad comercial
Business opportunity.
Oportunidad de hacer algo
Opportunity to do
something.
Optar por hacer algo To
opt to do something.
Opuesto a (actitud)
Opposed to / Against.
Orden de compra Purchase
order.
Orden de entrega Delivery
order.
Orden de pago Payment
order.
Orden del día Agenda.
**Ordenar a alguien que
haga algo** To order
someone to do something.
Organigrama Organization
chart.
Organismo estatal
Government organization.
Organismo internacional
International organization.
Organismo público Public

institution.
Organizar bien el trabajo
To organize the work well.
Organizar mal el trabajo To
organize the work badly.
Organizar un congreso To
organize a congress.
**Originar un aumento de los
beneficios anuales** To
lead to an increase in yearly
profits.
**Os falta mucho para
acabar?** Are you anywhere
near finished?
Otra vez Once again.

P

Pactar con alguien To
make an agreement with
someone.
Pacto entre caballeros
Gentleman's agreement.
Pacto social Social
agreement.
Paga extra Salary bonus /
Extra pay.
Pagadero al portador
Payable to bearer.
**Pagar a alguien por su
trabajo** To pay someone

for their work.

Pagar algo a plazos To pay for something in instalments.

Pagar algo al contado To pay for something (in) cash / To pay cash for something.

Pagar con un cheque To pay by cheque.

Pagar en efectivo To pay (in) cash.

Pagar en euros To pay in euros.

Pagar mediante cheque To pay by cheque.

Pagar por adelantado To pay in advance.

Pagar por completo To pay in full.

Pagar por semanas To pay weekly.

Pagar por transferencia bancaria To pay by bank transfer.

Pagar un sueldo base más una comisión sobre la venta To pay a basic rate plus sales commission.

Pagar una deuda To pay off a debt.

Pagar una factura To pay an invoice / To settle a bill.

Pagar una indemnización To pay compensation.

Pago a la entrega Cash on delivery.

Pago al contado Cash payment / Payment in cash.

Pago anticipado Prepayment.

Pago atrasado Payment in arrears.

Pago contra reeembolso Cash on delivery.

Pago de una factura Payment of an invoice.

Pago en efectivo Cash payment.

Pago inicial Down payment.

Pago mensual Monthly payment.

Pago por adelantado Payment in advance / Advance payment.

Pagos trimestrales Quarterly payments.

Paquete promocional Promotional pack.

Para abreviar For short / In short.

Para asegurarse To make sure.

Para concluir, diremos que In conclusion, we will say that.

Para empezar To begin with / To start with.

Para entonces By then.

Para este fin With this aim.

Para este propósito For this purpose / To this end.

Para la próxima campaña For the next campaign.

Para más detalles For further details.

Para más información, llame usted For further information, please call.

Para mayor exactitud For greater exactness.

Para qué? What for?

Para quién? Who for?

Para resumir To summarize.

Paralelo a algo Parallel to something.

Parecer factible To appear viable.

Parque industrial Industrial estate.

Parte inferior derecha Bottom right-hand corner / Bottom right.

Parte inferior izquierda Bottom left-hand corner / Bottom left.

Parte superior derecha Top right-hand corner / Top right.

Parte superior izquierda Top left-hand corner / Top left.

Participar en la reunión To participate in a meeting.

Partiendo de la base que On the basis of.

Pasado mañana The day after tomorrow.

Pasando al asunto de Moving on to the matter of / Getting on to the subject of.

Pasar a alguien con otra persona (teléfono) To put someone through.

Pasar a otro tema To go on to another subject / To change on to another subject.

Pasar a otros asuntos To go on to other items to be dealt with.

Pasar a una semana laboral de 35 horas To go over to a 35-hour working week.

Pasar al siguiente tema To move on to the next subject / To go on to the next topic.

Pasar algo por alto To pass over something / To ignore something.

Pasar con la extensión equivocada To put through to the wrong extension.

Pasar demasiado tiempo en el trabajo To spend too much time at work.

Pasar la vista por To glance over.

Pasar por alto los detalles

To miss out the details.

Pasarse de moda To go out of fashion.

Pase lo que pase Whatever happens / Come what may.

Pasé tres días muy nervioso I spent three very anxious days.

Paso a paso Step by step.

Patente registrada Registered patent

Patrocinar un evento To sponsor an event.

Pedido al contado Cash order.

Pedido de mercancías Order (for merchandize).

Pedido de muestra Sample order.

Pedido de prueba Trial order.

Pedido en firme Firm order.

Pedido pendiente Pending order / Outstanding order.

Pedidos al por mayor Wholesale orders.

Pedir a alguien que entre To ask someone to come in.

Pedir a alguien que haga algo To ask someone to do something.

Pedir a alguien que no haga algo To ask someone not to do something.

Pedir a alguien que vuelva To ask someone to come back.

Pedir algo To ask for something / To order something.

Pedir algo a alguien To ask someone for something.

Pedir algo prestado a alguien To borrow something from someone.

Pedir ayuda a alguien To ask for someone's help / To ask someone for help.

Pedir cuentas To ask for an explanation.

Pedir disculpas a alguien To apologize to someone.

Pedir disculpas por algo To apologize for something.

Pedir la cuenta To ask for the bill.

Pedir la palabra To request to speak.

Pedir permiso a alguien To ask permission from someone.

Pedir prestado dinero a alguien To borrow money from someone.

Pedir un anticipo de sueldo To ask for an advance on one's salary / To require a salary advance.

Pedir un favor To ask a favour.

Pedir un justificante To ask for a receipt.

Pedir un préstamo To apply for a loan.

Penetración en el mercado Market penetration.

Pensando en el futuro Looking to the future / With the future in mind.

Pensándolo mejor On second thoughts.

Pensar algo To think something over.

Pensar del mismo modo To think alike.

Pensar en algo To think of something / To think about something.

Pensar en alguien To think of someone / To think about someone.

Pensar en el futuro To think of the future.

Pensar en la expansión de la empresa por Europa To think of expanding the company in Europe.

Pensar en la posibilidad de hacer algo To think about the possibility of doing something.

Pensar hacer algo To think of doing something.

Pensar sobre un asunto To think a matter over.

Pensarlo bien antes de hacer algo To think carefully before doing something.

Pensión de invalidez Disability pension.

Pensión de jubilación Retirement pension.

Percibir dos pagas al año To receive two payments a year.

Percibir un marcado desequilibrio entre To perceive a marked imbalance between.

Percibir un salario To receive a salary.

Perder demasiado dinero To lose too much money.

Perder el contacto con alguien To lose touch with someone.

Perder el hilo To lose the thread.

Perder el interés To lose interest.

Perder el liderazgo en el sector To lose leadership in the sector.

Perder el tiempo To waste time.

Perder el tiempo en hacer algo To waste time in

doing something.

Perder el trabajo To lose one's job.

Perder el tren To miss one's train.

Perder la esperanza de hacer algo To lose hope of doing something.

Perder la ocasión To let the chance slip by.

Perder toda esperanza To lose all hope.

Perder una oportunidad To miss a chance / To miss an opportunity.

Perdón por interrumpir Excuse my interrupting.

Perfil del cliente Customer profile.

Perfil profesional Work experience.

Periodo de prueba Trial period.

Permanecer callado To keep silent / To remain silent.

Permiso para ausentarse Leave of absence.

Permiso para hacer algo Permission to do something.

Permiso por escrito Permission in writing.

Permítame que se los presente Let me introduce

you to them.

Permítanme que me presente Let me introduce myself / Perhaps I could introduce myself.

Permítame usted por lo menos que At least let me.

Permítanme ustedes que insista en la necesidad de I'd like to emphasize the need to.

Permitir a alguien que haga algo To allow someone to do something.

Permitir el crecimiento To allow growth.

Permitir una visualización rápida de la evolución del sector To give a quick visual overview of the sector's development.

Persistir en hacer algo To persist in doing something.

Persona digna de confianza Someone to be trusted / Trustworthy.

Personal contratado Personnel employed.

Personal de plantilla Staff.

Personal eventual Temporary staff

Persuadir a alguien para que haga algo To persuade someone to do something.

Pertenecer a alguien To belong to someone.

Pese a In spite of.

Pesimista sobre el futuro Pessimistic about the future.

Plan de comercialización Marketing plan.

Plan de desarrollo Development plan.

Plan de incentivos Incentive plan.

Plan de inversión Investment plan.

Plan de jubilación Retirement plan.

Plan de marketing Marketing plan.

Plan de reducción de plantilla Staff reduction plan.

Plan estratégico Strategic plan.

Planear algo de antemano To plan something beforehand.

Planear hacer algo To plan to do something.

Plantear un problema To bring up a question / To raise a question.

Plazo de entrega Delivery time.

Pliego de condiciones Specifications.

Poco tiempo después Shortly afterwards.

Poder adquisitivo Purchasing power.

Poder hacer algo To be able to do something.

Podría costar entre 3.000 y 4.000 euros It might cost anywhere from 3,000 to 4,000 euros.

Polígono industrial Industrial estate.

Política comercial Business policy.

Política de precios Pricing policy.

Política económica Economic policy.

Póliza de seguros Insurance policy.

Pone urgente It's marked urgent.

Poner a alguien a prueba To put someone to the test.

Poner a alguien al corriente To bring someone up to date.

Poner a la disposición de To make available to.

Poner a la venta (un producto) To put on sale.

Poner a prueba To test.

Poner al corriente To bring up to date.

Poner al corriente de algo a

alguien To bring someone up to date about something.

Poner algo a disposición de alguien To put something at someone's disposal.

Poner algo a la venta To put something on sale / To put something up for sale.

Poner algo al revés To put something the wrong way round.

Poner algo aparte To put something aside.

Poner algo de relieve To emphasize something.

Poner algo en claro To make something plain.

Poner algo en duda To question something.

Poner algo en inglés To put something into English.

Poner algo en limpio To make a fair copy of something.

Poner algo en orden To put something in order.

Poner algo por escrito To put something down in writing.

Poner atención To pay attention.

Poner condiciones To lay down conditions.

Poner cuidado To be careful.

Poner cuidado en hacer algo To take care in doing something.

Poner de relieve To emphasize.

Poner de su parte To do one's bit.

Poner empeño en hacer algo To take pains in doing something.

Poner en duda To call into question / To call into doubt.

Poner en funcionamiento To put into operation.

Poner en limpio (un informe) To make a clean copy of a report / To make a fair copy of a report.

Poner en marcha un proyecto To start up a project.

Poner en orden To put in order.

Poner en práctica To put into action / To put into practice.

Poner en tela de juicio To question / To put in doubt.

Poner en un sobre To put in an envelope.

Poner en venta To put up for sale.

Poner encima de la mesa To put on the table.

Poner faltas a algo To find fault with something.

Poner fin a algo To put an end to something.

Poner la etiqueta a un producto To put a label on a product / To label a product.

Poner mucho énfasis en algo To place great emphasis on something.

Poner objeciones a algo To make objections to something / To raise objections to something.

Poner objeciones para hacer algo To object to doing something.

Poner por caso To take as an example.

Poner por escrito To put in writing.

Poner punto final a algo To put a stop to something / To finish something.

Poner término a algo To bring something to a close.

Poner todo el empeño To put all one's determination.

Poner un anuncio en el periódico To put an advertisement in the paper.

Poner un ejemplo To give an example.

Poner un negocio en marcha To set up a business.

Poner un sello (en un documento) To affix a seal.

Poner un telegrama a alguien To send someone a telegram.

Poner una reclamación To put in a complaint.

Poner uno todo de su parte To do one's best.

Ponerle a alguien (por teléfono con otro) de nuevo To pass someone back to (someone else).

Ponerlo en la nota de los gastos To charge it to expenses.

Ponerlo en práctica To put it into practice.

Ponerse a hacer algo To get down to doing something.

Ponerse a trabajar To set to work / To get down to work.

Ponerse al corriente To bring oneself up to date.

Ponerse al día con To get up to date on.

Ponerse al habla por teléfono To speak on the phone.

Ponerse de acuerdo To

come to an agreement / To reach an agreement.

Ponerse de acuerdo con alguien sobre algo To come to an agreement with someone about something.

Ponerse de acuerdo con alguien sobre algo To come to an agreement with someone about something.

Ponerse de acuerdo sobre algo To come to an agreement on something.

Ponerse de lado To stand sideways.

Ponerse de manifiesto To become apparent / To become evident.

Ponerse de moda To come into fashion / To become fashionable.

Ponerse de parte de alguien To side with someone.

Ponerse de pie To rise to one's feet / To stand up.

Ponerse del lado de alguien (hacer causa común) To take sides with someone.

Ponerse en contacto con alguien por teléfono To get in touch with someone by phone / To contact someone by phone.

Ponerse en contacto de nuevo con alguien To get back in touch with someone.

Ponerse en marcha To start off.

Ponerse en medio To get in the way.

Ponerse en razón To be reasonable.

Ponerse manos a la obra To get down to work.

Póngame con él, por favor Put me through to him, please.

Pongamos por caso que Let us assume that.

Por adelantado In advance.

Por ahí Over there.

Por ahora For now / At present.

Por anticipado In advance.

Por añadidura Besides / In addition.

Por aquel entonces At that time.

Por avión By plane / By air.

Por barco By ship.

Por carta By letter.

Por casualidad By accident / By chance.

Por causa de Because of / As a result of.

Por causas ajenas a nuestra voluntad For

reasons beyond our control.
Por ciento Per cent.
Por cientos By the hundred / In hundreds.
Por cierto By the way.
Por consiguiente Consequently / Therefore.
Por correo By post / By mail.
Por correo aéreo By air mail.
Por correo certificado By registered mail.
Por correo urgente By special delivery mail.
Por cualquier medio By whatever means.
Por cuenta de la casa On the house.
Por cuenta y riesgo de uno At one's own risk.
Por cumplir As a mere formality.
Por curiosidad Out of curiosity.
Por debajo del término medio Below average.
Por décima vez For the tenth time.
Por derecho propio In one's own right.
Por descontado Of course.
Por detrás From behind / Behind.
Por duplicado In duplicate.

Por ejemplo For example / For instance.
Por el estilo Like that.
Por el momento At present / For the moment.
Por elección By election / Through choice.
Por e-mail By e-mail.
Por entonces At that time / About that time.
Por equivocación By mistake.
Por error In error.
Por esa razón For that reason.
Por escrito In writing.
Por espacio de dos años Over two years.
Por esta razón For this reason / That is why.
Por esta sola vez For this once only.
Por estas fechas el año que viene This time next year.
Por este medio By this means.
Por experiencia propia From one's own experience.
Por extraño que parezca Strange as it seems.
Por falta de For lack of / For want of.
Por fin At last.

Por fortuna Fortunately / Luckily.

Por fuera On the outside.

Por horas By the hour.

Por indicación de At the suggestion of.

Por la mañana In the morning.

Por la misma razón For the same reason.

Por la primera vez For the first time.

Por la simple razón de que For the simple reason that.

Por la tarde In the afternoon / In the evening.

Por lo bajo Under one's breath / On the quiet.

Por lo cual For which reason / Because of which.

Por lo demás Apart from that.

Por lo general In general.

Por lo menos At least.

Por lo pronto For the time being / For the moment.

Por lo que a esto respecta In this respect.

Por lo que a mí respecta As far as I'm concerned.

Por lo que me dice From what you tell me.

Por lo que parece From what it seems.

Por lo que pueda pasar Just in case.

Por lo que respecta a With regard to / As regards.

Por lo que respecta a esto In this regard.

Por lo que respecta a la plantilla With respect to the staff.

Por lo que se dice From what they say.

Por lo que se refiere a eso As for that.

Por lo que se ve To all appearances.

Por lo que tengo entendido From what I understand.

Por lo que veo As far as I can see / From what I see.

Por lo que yo sé As far as I know.

Por lo tanto So / therefore.

Por lo visto Apparently.

Por más de una hora For over an hour.

Por medio de By means of.

Por menos dinero For less money / At a lower cost.

Por mi cuenta y riesgo At my own risk.

Por mi parte For my part / As for me.

Por mucho que However much / No matter how much.

Por mucho tiempo For a

long time.

Por muy caro que sea
However expensive it might
be.

Por muy fácil que parezca
No matter how easy it may
appear.

Por necesidad Out of
necessity.

Por no haberlo hecho For
not having done it.

Por no mencionar al Sr. X
Not to mention Mr X.

Por otra parte On the other
hand.

Por parte de alguien On
someone's behalf.

Por partes Bit by bit / Step
by step.

Por poco tiempo For a
short time.

Por primera vez For the first
time.

**Por primera vez en muchos
años** For the first time in
many years.

**Por primera vez en tres
años** For the first time in
three years.

Por principio On principle.

Por propia iniciativa On my
own initiative.

Por pura casualidad Quite
by chance.

Por qué dices eso? What

makes you say that?

Por qué no hacerlo? Why
not do it?

Por qué no? Why not?

Por razones de seguridad
For safety's sake.

Por regla general As a rule.

Por si acaso In case / Just
in case.

Por si eso fuera poco As if
that weren't enough / And to
top it all.

**Por su propia cuenta
(iniciativa)** On one's own
account.

Por suerte By chance /
Luckily.

Por supuesto Of course.

**Por supuesto que apoyaré
el proyecto** I'll certainly
give the project my backing.

Por tanto So / Therefore.

**Por temor a perder el
empleo** For fear of losing
one's job.

Por término medio On
average.

**Por turnos (trabajos en una
fábrica)** In shifts.

Por última vez For the last
time.

Por último Finally / At last.

Por un momento For a
moment.

Por una parte On one hand.

Por una razón o por otra
For one reason or another.

Por una sola vez Just for once.

Por unanimidad
Unanimously.

Por valor de To the value of.

Por varias razones For various reasons.

Porcentaje sobre ventas
Percentage of sales.

Portarse cortésmente con
To be polite to.

Posibilidad de hacer algo
Possibility of doing something.

Posibilidades laborales
Employment possibilities.

Posicionamiento de un producto Product positioning.

Posicionamiento en el mercado Market positioning.

Posicionar un producto en el mercado To position a product in the market.

Posponer una reunión To postpone a meeting.

Potencial comercial Market potential.

Potenciar el empleo estable To improve levels of stable employment.

Práctica comercial
Commercial practice.

Precedido de algo
Preceded by something.

Precio actual Current price.

Precio al consumidor
Purchase price.

Precio al contado Cash price.

Precio al por mayor
Wholesale price.

Precio al por menor Retail price.

Precio base Base price.

Precio bruto Gross price.

Precio de compra
Purchase price.

Precio de coste Cost price.

Precio de ganga Bargain price.

Precio de lista List price.

Precio de mayorista
Wholesale price.

Precio de mercado Market price.

Precio de minorista Retail price.

Precio de venta Sales price.

Precio de venta recomendado Recommended retail price.

Precio fijo Fixed price.

Precio justo Fair price.

Precio máximo Top price.

Precio medio Average

price.

Precio medio de venta Average sales price.

Precio mínimo Minimum price.

Precio neto Net price.

Precio por unidad Unit price.

Precio reducido Cut price.

Precio total Total price.

Precios sujetos a variación sin previo aviso Prices subject to change without notice.

Precios vigentes hasta. Prices valid until.

Precisamente entonces Just then.

Precisamos información más detallada sobre sus productos We require more detailed information on your products.

Precisar cuantiosos fondos para financiar nuevas inversiones To need much funding to finance new investments.

Preferir hacer algo To prefer to do something / To prefer doing something.

Preferir una cosa a otra To prefer one thing to another / To prefer one thing rather than another.

Preguntar al banco sobre la solvencia de un cliente To make an enquiry to the bank concerning a customer's credit-worthiness.

Preguntar por algo To ask about something.

Preguntar por algo a alguien To ask someone about something.

Preguntar por alguien To ask for someone.

Preocuparse por algo To worry about something.

Preparado para algo Ready for something.

Preparado para hacer algo Ready to do something.

Preparar algo To get something ready.

Preparar la devolución de la mercancía To get the merchandise ready for return.

Preparar un discurso To prepare a speech.

Preparar un memorandum To prepare a memo.

Preparar una relación de las preguntas más frecuentes To make a list of frequently asked questions (FAQs).

Preparar una tabla con los

resultados To draw up a table showing the results.

Prepararse para hacer algo To get ready to do something.

Prepararse para los retos más difíciles To prepare oneself for difficult challenges.

Prescindir de algo To do without something.

Presentación de los productos en ferias comerciales Product presentations at trade fairs.

Presentar a alguien To present someone.

Presentar datos de escasa fiabilidad To present unreliable data.

Presentar los resultados del año pasado To present last year's (financial) results.

Presentar la dimisión To hand in one's resignation.

Presentar los informes mensualmente To present the reports monthly / To submit reports on a monthly basis.

Presentar los resguardos To hand in the receipts.

Presentar por duplicado To submit two copies.

Presentar sus excusas To offer one's apologies.

Presentar una persona a otra To introduce one person to another.

Presentar una propuesta To present a proposal.

Presentar una queja To make a complaint.

Presentarse a uno mismo To introduce oneself

Presente en la reunión Present at the meeting.

Presidente del Consejo de Administración Chairman of the Board.

Presidir una reunión To chair a meeting.

Presupuesto anual Annual budget.

Prestación de un servicio a una empresa Service provided to a company.

Préstamo a corto plazo Short-term loan.

Préstamo a largo plazo Long-term loan.

Prestar algo a alguien To lend something to someone.

Prestar atención a To pay attention to.

Prevención de accidentes Accident prevention.

Prevención de riesgos

Risk prevention.

Prever los ciclos de negocio To forecast the business cycles.

Prever un estudio más profundo To plan a more in-depth study.

Prima de productividad Productivity bonus.

Principales fuentes de financiación Main sources of finance.

Principios de contabilidad Accounting principles

Privatización de la empresa Company privatization.

Privatizar una empresa To privatize a company.

Probar a hacer algo To try doing something.

Producción en cadena Assembly line production.

Producción en serie Mass production.

Producción estacional Seasonal production.

Producción industrial Industrial output.

Producción media Average production.

Producción propia In-house production / Home-grown.

Producir efectos positivos a corto plazo To have a positive effect in the short term / To show positive short-term results.

Producir en grandes cantidades To produce in bulk.

Producir en pequeñas cantidades To produce in small quantities.

Producto estacional Seasonal product.

Producto estrella Star product.

Producto exclusivo Exclusive product.

Producto fácilmente vendible Easy-to-sell product.

Producto final End product

Producto líder Leading product.

Producto nacional bruto Gross national product

Producto no perecedero Non-perishable product.

Producto no vendible Unsaleable product.

Producto terminado Finished product.

Productos básicos Staple products.

Productos envasados al vacío Vacuum-packed products.

Productos industriales

Industrial goods.

Productos manufacturados Manufactured products.

Productos perecederos Perishables.

Productos prefabricados Prefabricated products.

Programa de fabricación Manufacturing schedule.

Programa de inversión Investment program.

Programa de producción Production schedule.

Programa de trabajo Work schedule.

Programa piloto Pilot program.

Programas de fidelización Loyalty programs.

Progresión geométrica Geometric progression.

Progresión lineal Linear progression.

Prohibir algo To forbid something.

Promedio del 2% Average of 2% / A 2% average.

Prometer hacer algo To promise to do something.

Promoción de ventas Sales promotion.

Promocionar un producto To promote a product.

Pronunciar un discurso To make a speech.

Pronunciarse a favor de alguien To declare oneself in favour of someone.

Propiedad industrial Industrial property.

Propiedad intelectual Intellectual property.

Propiedad privada Private property.

Proponemos que We propose that.

Proponer algo a alguien To propose something to someone.

Proponer hacer algo To propose doing something.

Proponer iniciativas para entrar en un mercado To propose initiatives for entering a market.

Proponer la apertura de nuevos locales To propose the opening of new premises.

Proponer un nuevo plan To put forward a new plan.

Proponerse hacer algo To intend to do something.

Proporcionar algo a alguien To provide someone with something.

Proporcionar una visión de la empresa respeto a la competencia To provide a view of the business in

relation to the competition.

Propuesta con éxito
Successful proposal

Prorratear los datos To average out the data.

Prospección de mercados Market prospecting.

Prosperar en los negocios To do well in business.

Protección de datos Data protection.

Próxima inauguración Opening soon.

Proyección de futuro Projection for the future.

Proyección de las ventas Sales projection.

Proyección internacional International scope.

Proyectar unas diapositivas To show some slides.

Proyecto de inversión Investment project.

Publicación de los resultados de una encuesta Publication of survey results.

Publicar estadísticas referentes a la confianza del consumidor To publish statistics on consumer confidence.

Publicar los resultados de una encuesta To publish

the results of a survey.

Publicidad comparativa Comparative advertising.

Publicidad en periódicos Newspaper advertising.

Publicidad en prensa Press advertising.

Publicidad en revistas Magazine advertising.

Publicidad en televisión Television advertising.

Publicidad por correo Mailing / Mail advertising.

Público objetivo Target audience.

Puede alguien bajar las luces, por favor? Would someone turn the lights down, please?

Puede decirle que me llame? Could you ask him to call me?

Puede decirme de dónde llama? Could you tell me where you're ringing from?

Puede decirme la dirección? Could you let me have the address?

Puede decirme su nombre y dirección? Could I take your name and address?

Puede deletreármelo? Could you spell it for me?

Puede ponerme de nuevo con el? Could you pass

me back to him?

Puede repetirme el número de fax? Could you repeat the fax number?

Puede repetirme la dirección? Could you repeat the address?

Puede ser que It may be that.

Puede traernos la carta, por favor? Will you bring us the menu, please?

Puede usted llamarme mañana? Could you ring me back tomorrow?

Puedo dejarle un recado? Could I leave him a message?

Pues bien Well then.

Punto de venta Sales outlet / Point of sale.

Punto de vista Point of view / Standpoint.

Punto menos que imposible Next to impossible.

Punto por punto Point by point.

Punto y aparte Full stop, new paragraph.

Puntos débiles de los competidores Competitors' weak points.

Q

Qué asunto viene ahora? What's the next item?

Qué hora es la mejor para localizarle? What's the best time to catch him?

Qué le parece a usted? How does it look to you?

Qué les parece How about that?

Qué más? What else?

Que me llame lo antes posible, por favor Have him call me back as soon as possible, please.

Qué solución tienes? What do you make the answer?

Qué tiene eso de extraño? What's so strange about that?

Que yo recuerde As far as I can remember.

Quedamos a la espera de sus noticias We look forward to hearing from you.

Quedamos a su entera disposición We are entirely at your service.

Quedan dos meses para

terminar el año fiscal There are two months left until the end of the financial year.

Quedan siete There are seven left.

Quedar a disposición de alguien para una entrevista personal To be available for a personal interview.

Quedar al margen de To be left out of.

Quedar bien con alguien To please someone.

Quedar con alguien To arrange to meet someone.

Quedar en algo To agree on something.

Quedar en hacer algo To agree to do something.

Quedar en nada (un asunto) To come to nothing.

Quedar para cenar To arrange to meet for dinner.

Quedar por hacer To remain to be done.

Quedarse a medio camino To stop half way.

Quedarse asombrado To be amazed.

Quedarse atrás (involuntariamente) To be left behind.

Quedarse atrás To stay behind / To remain behind.

Quedarse callado To keep quiet.

Quedarse con una pregunta sin contestar To be left with an unanswered question.

Quedarse en la oficina hasta las seis To stay in the office until six.

Quedarse mirando a alguien (fijamente) To stare at someone.

Quedarse sin dinero To run out of money.

Quedo a la espera de su respuesta I look forward to hearing from you.

Quejarse a alguien de algo To complain to someone about something.

Quejarse de algo To complain about something.

Quejarse de alguien To complain about someone.

Querer hacer algo To want to do something.

Querer que alguien haga algo To want someone to do something.

Quería hablar con I'd like to speak to.

Quién es la persona encargada? Who's in

charge?

Quien más quien menos Everybody.

Quién más? Who else?

Quién podría informarme sobre? Who could give me information about?

Quiere dejar un recado? Would you like to leave a message?

Quiere que vaya a recogerle al hotel? Would you like me to pick you up at the hotel?

Quiero subrayar la necesidad de tener actualizados los datos I want to stress the necessity of keeping data updated.

Quisiera concertar una cita para mañana I'd like to make an appointment for tomorrow.

Quisiera empezar por presentar el informe del Departamento de Investigación sobre I'd like to begin with a presentation of the Research Department's report on.

Quisiera hacer una sugerencia I should like to make a suggestion.

Quisiera ver al Sr. X. ¿Está libre? I'd like to see Mr X. Is he free?

Quitar algo a alguien To take something away from someone.

Quitar de en medio (algo que estorba) To take out of the way / To move out of the way.

Quitarse de en medio To get out of the way.

Quizás en otro momento Another time perhaps.

Quizás habría que Perhaps we should.

R

Rara vez Seldom.

Razón de más para All the more reason to.

Razonar sobre algo To reason about something.

Reaccionar ante la noticia To react to the news.

Reacio a hacer algo Reluctant to do something.

Reactivar el mercado To reactivate the market.

Reajuste salarial Salary readjustment.

Realizar el cobro del talón
To cash the cheque.

Realizar tests psicológicos a los candidatos To run psychological tests for candidates.

Realizar una intervención en una reunión To participate in a meeting.

Realizar viajes nacionales e internacionales To undertake domestic and international travel.

Rebajar el precio To reduce the price.

Rebajar la calidad para reducir costes To reduce quality to cut costs.

Recalcar lo siguiente To emphasize the following.

Recapacitar sobre un asunto To think a matter over.

Recapitulemos lo dicho hasta ahora To summarize what has been said up until now.

Rechazar a un trabajo To turn down a job.

Rechazar una oferta To refuse an offer / To turn down an offer.

Rechazar una petición To turn down a request.

Rechazar una propuesta
To reject a proposal.

Recibido en mi buzón de correo electrónico Received in my e-mail inbox.

Recibido por fax Received by fax.

Recibir a alguien To see someone.

Recibir algo a cambio To receive something in exchange.

Recibir un premio To be awarded a prize.

Recibir una carta de alguien To receive a letter from someone.

Reclamar algo To claim something.

Recoger el equipaje To collect one's baggage.

Recomendar a alguien para un puesto de trabajo To recommend someone for a job.

Recomendar algo a alguien To recommend something to someone.

Recomendar que alguien haga algo To recommend that someone should do something.

Recompensar a alguien por algo To reward someone for something.

Reconocer a alguien To recognize someone.

Reconocer que algo es verdad To allow that something is true.

Recopilar los resultados financieros To compile financial results.

Recopilar una muestra representativa de opiniones To gather a representative sample of opinions.

Recordar a alguien To remember someone.

Recordar a alguien que haga algo To remind someone to do something.

Recordar algo a alguien To remind someone of something.

Recordar algo a los participantes To remind participants of something.

Recordar haber hecho algo To remember doing something.

Recordar hacer algo To remember to do something.

Recortar los gastos generales To reduce overheads.

Recorte de precios Price reduction.

Recortes presupuestarios Budget cuts.

Recuperar el coste del material To recover the cost of materials.

Recuperar el tiempo perdido To make up for lost time.

Recuperar la inversión en un periodo de tres años To recover the investment within a three year period.

Recurrir a alguien para pedir ayuda To turn to someone for help.

Recurrir a los contactos personales To resort to personal contacts.

Recurrir a varias fuentes de financiación To turn to several sources of finance.

Red de ventas Sales network

Redactar un contrato To draft a contract / To draw up a contract.

Redactar un informe To write a report.

Reducción de plantilla Staff cutbacks.

Reducción del margen de beneficios Reduction in profit margins.

Reducción del poder adquisitivo Reduction in purchasing power.

Reducir al mínimo To reduce to the minimum.

Reducir el plazo de pago To reduce payment time.

Reducir gastos To cut down on expenses / To reduce expenses.

Reducir gastos de transporte To reduce transport costs.

Reducir la plantilla de empleados fijos To reduce permanent staff

Reducir pérdidas en un 30% To reduce losses by 30%.

Reemplazar una cosa por otra To replace one thing by another.

Reestructurar la organiza-ción To restructure the organization.

Referente a esto In con-nection with this/ Regarding this / Concerning this.

Referirse a algo To refer to something.

Referirse a alguien To refer to someone.

Reflejar algo en un gráfico To show something on a chart.

Reflexionar sobre algo To think about something.

Reforzar el programa de entrenamiento To boost the training program.

Regirse por algo To be guided by something.

Registrar un beneficio de 12 millones de euros To make a 12 million euro profit.

Registrarse en un hotel To check in at a hotel.

Regresar a la oficina To go back to the office.

Regresar de un viaje To get back from a trip.

Rehusar una invitación To decline an invitation.

Reincorporarse al trabajo To go back to work.

Reinvertir capital To reinvest capital.

Relación de productos List of products / Product list.

Relación duradera y beneficiosa para ambas partes Long and profitable relationship for both parties.

Relacionado con esto Related to this.

Relaciones con los clientes Customer relations.

Relaciones públicas Public relations.

Rellenar un formulario To complete a form / To fill out a form.

Rellenar una solicitud de trabajo To fill out an application form.

Remitente (de una carta) Sender.

Remitir una carta To send a letter.

Remover un asunto To stir up a matter.

Rendimiento neto Net returns / Clear returns.

Rendir cuentas To account for one's actions.

Renegociar un acuerdo To renegotiate an agreement.

Renovación de un contrato Contract renewal

Renovar los contratos eventuales To renew temporary contracts.

Renovar un contrato To renew a contract.

Renta annual Annual income.

Renta o pensión vitalicia Life annuity

Rentabilidad de un negocio Profitability of a business / Business profitability.

Renunciar a un proyecto To give up a project.

Reorganización de un departamento Department-mental reorganization.

Reorganización del trabajo Work reorganization / Reorganization of work.

Reorganizar la empresa To reorganize the firm.

Reorganizar un equipo To reorganize a team.

Reparar en detalles To pay attention to details.

Repartir folletos publicitarios To distribute advertising leaflets.

Repartir prospectos To give out prospectus.

Reparto de beneficios Profit sharing.

Reparto de tareas Distribution of tasks / Sharing out of tasks.

Reparto del trabajo Division of labour.

Repasar brevemente To quickly revise / To look quickly through.

Repasar el estudio de mercado To review the market study.

Repasar las opciones para mejorar la situación To review options for improving the situation.

Repasar una cuenta To go over an account.

Repetidas veces Repeatedly.

Repetir algo To do

something over again.

Repetir el número de teléfono To repeat the telephone number.

Reposición de la mercancía defectuosa Replacement of defective goods.

Reposición del stock Stock replacement.

Representación gráfica de los balances A graph showing balance sheets.

Representante comercial Sales representative.

Representante de área Area representative.

Representante de ventas Sales representative.

Representar a una empresa To represent a company.

Representar un papel To play a part.

Resaltar algo To stress something.

Rescindir un contrato To revoke a contract.

Reservar habitación en un hotel To book a room at a hotel.

Reservar un vuelo To book a flight.

Reservar una mesa en un restaurante To book a table in a restaurant.

Resignarse a algo To resign oneself to something.

Resignarse a hacer algo To resign oneself to doing something.

Resistir el golpe To withstand the shock.

Resolver un problema To work out a problem / To solve a problem.

Resolver un tema votando a mano alzada To decide an issue by a show of hands.

Respaldar una propuesta To support a proposal.

Respecto a With regard to.

Respetar a alguien To respect someone.

Respetar la ley To keep the law.

Respeto por alguien Respect for someone.

Responder a alguien To reply to someone.

Responder a una carta To reply to a letter / To answer a letter.

Responder a una descripción To answer to a description.

Responder a una pregunta To answer a question.

Responder al nombre de To answer to the name of /

To go by the name of.

Responder de algo To answer for something.

Responder por alguien (avalarle) To vouch for someone.

Responder por alguien (en su lugar) To answer on someone's behalf.

Responder sin vacilar To answer without hesitation.

Responsable de algo Responsible for something.

Restablecer el orden To restore order.

Resulta que It turns out that.

Resultar bien (una negociación) To turn out well.

Resultar contraproducente To turn out to be counter-productive.

Resultar ser muy importante To turn out to be very important.

Resultar sumamente práctico To turn out to be extremely practical.

Resumir brevemente To briefly summarize.

Resumir la situación To summarize the situation.

Resumir los planes para la contratación de personal

To summarize our plans for staff recruitment.

Resumir rápidamente To quickly recap.

Retar a alguien a hacer algo To challenge someone to do something.

Retirar algo de To remove something from.

Retirar una silla (al levantarse) To push back a chair.

Retirarse de los negocios To retire from business.

Retrasar un pago To delay payment.

Retraso en la entrega Delay in delivery.

Reunión anual Annual meeting.

Reunión de negocios Business meeting.

Reunión de ventas Sales meeting.

Reunión extraordinaria Extraordinary meeting

Reunión general anual Annual general meeting.

Reunirse después de comer To meet after lunch.

Revelar a alguien un secreto To let someone into a secret.

Revelar algo a alguien To reveal something to

someone.

Revisar los recursos disponibles To review the resources available.

Revisión salarial Salary review.

Riesgo premeditado Calculated risk.

Rogamos acusen recibo Please acknowledge receipt.

Rogamos comuniquen cuándo se efectuará el envío Please advise when the goods will be dispatched.

Rogamos disculpen las molestias ocasionadas We apologize for any inconvenience caused.

Rogamos nos avisen de la fecha de embarque Please advise us of the shipment date.

Rogamos nos contesten a vuelta de correo Please reply by return of post.

Rogamos nos informen Please inform us / Please let us know.

Rogamos nos informen sobre sus condiciones Please advise of your terms.

Rogamos tomen nota de

que Please note that.

Romper las relaciones To break off relations.

Rueda de prensa Press conference.

Ruego consideren mi candidatura Please accept my application.

Ruego nos envíen Please send us.

S

Saber bien To taste good / To taste nice.

Saber de alguien (directamente) To hear from someone.

Saber hacer algo To know how to do something.

Saber la respuesta a una pregunta To know the answer to a question.

Sacar a uno de dudas To dispel someone's doubts.

Sacar algo To take something out.

Sacar algo a colación To make mention of something / To bring something up.

Sacar algo a relucir To

bring something out.

Sacar conclusiones To draw conclusions.

Sacar el expediente To bring out the file.

Sacar el mayor partido de algo To get the most advantage from something.

Sacar en conclusión que To come to the conclusion that.

Sacar faltas a To find fault with.

Sacar la conclusión de que To draw the conclusion that.

Sacar provecho de algo To benefit from something / To profit from something.

Sacar un asunto a colación To bring up a subject.

Sacar un tema de conversación To bring up a topic of conversation.

Sacar una conclusión To draw a conclusion.

Sacar una copia To make a copy.

Sacar ventaja de To benefit from / To profit from.

Sala de conferencias Conference room.

Sala de reuniones Meeting room.

Sala para empleados Staff room.

Saldar las deudas contraídas To pay off the debts incurred.

Saldar una deuda To pay off a debt / To settle a debt.

Salió el anuncio en el periódico de ayer? Did the ad come out in yesterday's paper?

Salir al mercado (un producto) To come on to the market.

Salir al paso de las críticas To forestall criticism.

Salir bien (las negociaciones) To turn out well.

Salir de viaje To set out on a journey.

Salir del paso To get out of trouble.

Salir del trabajo To leave work.

Salir ganando (en un negocio) To come out better off.

Salir mal (las negociaciones) To turn out badly.

Salir para comer To go out to lunch.

Salirse del tema To get off the subject.

Salón de actos Assembly hall.

Salón de exposiciones Exhibition hall.

Salón de sesiones Meeting room.

Saltar a la vista To be obvious.

Salvando ciertos errores Except for a few mistakes.

Salvo error u omisión Errors and omissions excepted / Excepting errors or omissions.

Satisfacción del cliente Customer satisfaction.

Se acabó That's all.

Se cortó la comunicación telefónica We got cut off.

Se cortó la línea The line cut off / The line went dead.

Se cuentan por miles There are thousands of them.

Se despide atentamente Yours sincerely / Yours faithfully.

Se dice antes que se hace It's easier said than done.

Se dice que It is said that / They say that.

Se espera que It is to be hoped that / It is expected that.

Se estima que It is estimated that.

Se habla inglés English spoken.

Se han incrementado las ventas pero los beneficios han disminuido Turnover has risen but profits have decreased.

Se lo haremos saber por e-mail We will let you know by e-mail.

Se necesita Jefe de Compras Purchasing Manager required.

Se nos acaba el tiempo We are running out of time.

Se nos ha adjudicado el contrato We have been awarded the contract.

Se nos han agotado las existencias We are out of stock / We have sold out.

Se observará que It will be seen that.

Se podría ampliar el negocio por el extranjero The business could be expanded overseas.

Se puede estudiar desde dos puntos de vista distintos It can be looked at from two different points of view.

Se ruega indicar las pretensiones salariales Please indicate salary expectations.

Se rumorea que It is rumoured that.

Se suele dar el caso de que It is usually the case that.

Se trata de un producto muy anunciado It is a well-advertised product.

Se vende For sale.

Sea bienvenido You are welcome.

Sea como sea Be that as it may.

Secretaria bilingüe Bilingual secretary.

Secreto profesional Professional secrecy.

Sector privado Private sector.

Sector público Public sector.

Secundar la propuesta de hacer cambios To support the proposal to make changes.

Sede central Head office.

Sede social Business address.

Segmento del mercado Market segment.

Seguido de algo Followed by something.

Seguir con algo To go on with something.

Seguir con las estrategias de siempre To continue with the same old strategies.

Seguir el ejemplo de alguien To follow someone's example.

Según convenga Whatever is most suitable / Whatever is most fitting.

Según las circunstancias Depending on the circumstances.

Según las instrucciones del cliente According to the customer's instructions.

Según las últimas encuestas According to the latest polls.

Según lo veo As I see it.

Según los datos del ejemplo According to the data in the example.

Según mi forma de pensar To my way of thinking.

Según mi opinión In my opinion.

Según mis conocimientos To my knowledge / From what I know.

Según parece Apparently.

Según se especifica en mi CV As shown in my CV.

Según sus instrucciones In accordance with your instructions.

Según y cómo Depending on how.

Seguridad social National

insurance.

Seguro de desempleo Unemployment insurance.

Seguro de transporte Transportation insurance.

Seis de cada diez consultas acaban en compra Six out of ten enquiries end in a purchase.

Selección de personal Staff recruitment.

Seleccionar algo To choose something.

Semana laboral Work week.

Sensible a las sugerencias Amenable to suggestions.

Sentimos no haber contestado antes We regret not having replied earlier.

Señal de comunicando Busy signal / Engaged tone.

Ser adecuadas (las medidas propuestas) To be adequate (the proposed measures).

Ser adecuado para un propósito To answer the purpose.

Ser arriesgado To be risky.

Ser ascendido To be promoted.

Ser competidores en un mercado To be competitors in a market.

Ser competitivo To be competitive.

Ser de escasa utilidad To be of limited use.

Ser de interés para alguien To be of interest to someone.

Ser de la misma opinión To be of the same opinion.

Ser de la opinión de que To be of the opinion that.

Ser de la plantilla To be on the staff.

Ser despedido To be dismissed / To be fired.

Ser destituido To be removed from office.

Ser digno de mención To be worthy of mention.

Ser distribuidor To be a dealer.

Ser distribuidor al detalle To be a retailer.

Ser distribuidor al por mayor To be a wholesaler.

Ser el antecesor en este puesto To have been the predecessor in the post.

Ser el Director Gerente To be the Managing Director.

Ser el encargado de llevar a cabo las entrevistas To be in charge of carrying out the interviews.

Ser el factor determinante To be the decisive factor.

Ser el representante de una empresa To be a company representative.

Ser el responsable To be the one in charge.

Ser un empleado fijo To be a permanent employee / To be on the permanent staff.

Ser evidente que To be clear that.

Ser indiscutible To be unquestionable / To be indisputable.

Ser inferior a diez To be lower than ten / To be less than ten.

Ser jefe de proyecto To be the project manager.

Ser la persona indicada para el puesto To be the right person for the job.

Ser licenciado To be a graduate.

Ser lógico To stand to reason / To be logical.

Ser los más competitivos To be the most competitive.

Ser metódico en el trabajo To be methodical in one's work

Ser miembro del Consejo de Administración To be a Board Member.

Ser moroso To be in arrears with payment.

Ser optimista To be an optimist / To be optimistic.

Ser pagado por horas To be paid by the hour.

Ser patrocinador To be a sponsor.

Ser precisamente la persona indicada para el puesto To be exactly the right person for the job.

Ser preferible a To be preferable to.

Ser proporcional To be proportional.

Ser proveedor (de una compañía) To be a supplier.

Ser puntual To be on time / To be punctual.

Ser rentable (un negocio) To be profitable.

Ser representativo To be representative.

Ser responsable de algo To be responsible for something.

Ser responsable del mantenimiento de la maquinaria To be responsible for machinery maintenance.

Ser superior a (un índice) To be higher than / To be

above.

Ser traductor e intérprete titulado To be a qualified translator and interpreter.

Ser un alto directivo To be a senior manager / To be a top manager.

Ser un analista de sistemas con experiencia To be an experienced systems analyst.

Ser un año muy productivo To be a very productive year.

Ser un directivo To be a manager.

Ser un ejecutivo clave To be a key executive.

Ser un factor determinante To be a decisive factor.

Ser un factor influyente To be an influencing factor.

Ser un hombre hecho a sí mismo To be a self-made man.

Ser un intermediario To be a middleman.

Ser una experiencia para alguien To be an experience for someone.

Sería aconsejable It would be advisable.

Sería conveniente que It would be advisable to.

Sería muy poco aconse-

jable que It would be very inadvisable to.

Servicio de asistencia post-venta Post-sales assistance.

Servicio de atención al cliente Customer service.

Servicio de entrega a domicilio Home delivery service.

Servicio de entrega urgente Expedited delivery service / Rapid delivery service.

Servir de ayuda To be of help.

Servir de excusa To serve as an excuse.

Servir un pedido To process an order.

Servirse de algo To make use of something.

Sesión de ruegos y preguntas Question-and-answer session.

Si acaso If.

Si al menos If only.

Si algo sale mal If anything goes wrong.

Si alguien llama If anybody calls.

Si alguno de vosotros llega tarde If any of you arrive late.

Si bien Even though.

Si desea contactar con nosotros If you would like to get in contact with us.

Si desea más información, no dude en llamarnos If you would like further information, please do not hesitate to call (us).

Si es así If so.

Si esto ocurriera Should this happen / If this were to happen.

Si excluimos algunos tímidos intentos If we exclude a few timid attempts.

Si haces amigos, haces clientes If you make friends, you make customers.

Si hay algo en lo que le pueda ayudar If there's anything I can help you with.

Si mal no recuerdo If I remember rightly.

Si me permite que le dé mi opinión, creo que If I may be allowed to offer my opinion, I think that.

Si no me falla la memoria If my memory serves me well.

Si no tienen ustedes inconveniente If you have no objection / If you don't mind.

Si nos parece bien If it seems all right to us.

Si observan esta tabla con atención, verán que If you look closely at this table you will see that.

Si partimos de la base de que Taking as a basis.

Si se compara A con B If A is compared with B.

Si se da el caso If it happens that.

Si se me permite una sugerencia If I may make a suggestion.

Si te es posible If you possibly can.

Siempre y cuando Provided that / As long as.

Siendo sólo una aproximación Being only a rough estimate.

Siéntese, por favor Have a seat, please / Please sit down.

Siento llegar tarde Sorry I'm late.

Siento no haber podido I regret that I was unable to.

Sin abonar las deudas Without paying off the debts.

Sin apresurarse Without hurrying / Without haste.

Sin avisar Without warning.

Sin ayuda Without help / With no assistance.

Sin comparación Beyond compare.

Sin compromiso Without obligation / With no obligation.

Sin contar eso Not counting that.

Sin daño Without damage.

Sin decir nada más Without saying another word.

Sin decir palabra Without saying a word.

Sin demora Without delay.

Sin dificultad Without difficulty.

Sin duda No doubt / Without doubt.

Sin duda alguna Undoubtedly / Without a doubt.

Sin empleo Out of work / Unemployed.

Sin excepción Without exception.

Sin éxito Without success.

Sin falta Without fail.

Sin fin Without end / Endless.

Sin hacer caso de Taking no notice of.

Sin importancia Of no account / Of no importance.

Sin interrupción Without a break / Without interruption.

Sin la menor duda Without the slightest doubt.

Sin lugar a dudas There is no doubt.

Sin más comentarios Without further comment / With no further comment.

Sin más demora Without further delay / With no further delay.

Sin ninguna duda Without any doubt.

Sin pagar (no pagado) Unpaid.

Sin pérdida de tiempo With no time wasted.

Sin precedente Unprecedented.

Sin previo aviso Without previous warning / Without notice.

Sin que le preguntaran Without being asked.

Sin que nadie lo sepa Without anybody knowing it.

Sin razón alguna For no reason at all.

Sin responsabilidad por nuestra parte With no liability on our part.

Sin resultado alguno Without any result / With no result at all / To no effect.

Sin rodeos Straight to the point.

Sin saber nada de ello Without knowing anything about it.

Sin tener en consideración algo Regardless of something.

Sin tener en cuenta las consecuencias Regardless of the consequences.

Sin trabajo Out of work / Unemployed.

Sin valor comercial No commercial value.

Sírvanse comunicarnos el motivo del retraso Please let us know the reason for the delay.

Sírvanse enviarnos una selección de su gama de productos Please send us a selection of items from your range.

Sistema de pago Means of payment.

Situación económica Economic situation.

Situación financiera Financial situation.

Sobran los detalles The details are not necessary.

Sobre con franqueo concertado Business reply envelope.

Sobre la marcha As you go along / On the way.

Sobre las ocho About eight o'clock.

Sobre manera Exceedingly.

Sobre poco más o menos Just about / More or less.

Sobre todo Above all.

Sobrecarga de trabajo Overwork.

Socio Business partner.

Solamente una cosa más Just one more thing.

Solamente una vez Just once.

Solicitante de un puesto de trabajo Job applicant.

Solicitar algo de alguien To request something from someone.

Solicitar cita con To request an appointment with.

Solicitar el puesto de Director de Ventas To apply for the post of Sales Director.

Solicitar por medio de un anuncio To advertise for.

Solicitar un empleo To apply for a job.

Solicitar un presupuesto Request an estimate.

Solicitar una entrevista To

request an interview.

Solicitud de confirmación Request for confirmation.

Solicitud de trabajo Job application.

Sólo con pensarlo Just the thought of it.

Sólo en algunos aspectos Only in some ways.

Sólo es cuestión de tiempo It's only a matter of time.

Sólo por esta vez Just this once.

Solución a un problema Solution to a problem.

Solvencia de la compañía Solvency of the company.

Someter a prueba To put to the test.

Someter algo a votación To put something to the vote.

Someterlo a votación To take a vote on it / To vote on it.

Someterse a discusión To come up for discussion.

Son frecuentes los altibajos del mercado Ups and downs are frequent in the market.

Son las cuatro de la tarde It's four o'clock in the afternoon.

Sopesar los pros y los contras To weigh up the pros and cons.

Sostener una conversación To hold a conversation.

Soy el Sr. X (al teléfono) This is Mr X / Mr X speaking.

Stock de productos terminados Stock of finished goods.

Su catálogo actualizado Your latest catalogue.

Su perfil se ajusta a los requerimientos de la empresa His background and experience meet company requirements.

Subir de categoría To better one's position / To rise through the ranks.

Subir el precio To increase the price / To raise the price.

Subir en el escalafón To work one's way up.

Subirle a alguien el sueldo To raise someone's salary / To give someone a pay rise.

Subirle a alguien el sueldo un 5% respecto al año anterior To raise someone's salary 5% over the previous year's.

Subrayar la necesidad de

obtener datos To highlight the necessity for obtaining data.

Subrayar los esfuerzos del equipo de ventas To highlight the efforts of the sales team.

Subsidio de desempleo Unemployment benefit.

Sueldo a convenir Salary to be agreed.

Sueldo a convenir según la trayectoria y experiencia del candidato Salary to be agreed in accordance with the candidate's background and experience.

Sufragar un gasto To pay an expense.

Sufrir cuantiosas pérdidas To suffer large losses.

Sufrir un retraso en el vuelo To have one's flight delayed.

Sugerir hacer algo To suggest doing something.

Sugerir ideas To put forward ideas / To suggest ideas.

Sugerir un cierre temporal de la fábrica To suggest a temporary shutdown of the factory.

Sujeto a cambio Subject to change.

Suma y sigue Carried forward.

Sumar cantidades To add up amounts.

Sumar una factura To add up a bill.

Suministrar algo a alguien To supply something to someone / To supply someone with something.

Superar una dificultad To overcome a difficulty.

Superior al promedio Above average.

Suponer un incremento del valor neto To mean an increase in net worth.

Supongamos que Let's assume that / Let's suppose that.

Supongo que estarás allí I assume you'll be there.

Suponiendo que On the assumption that / Supposing that.

Suprimir gastos To cut out expenses.

Surtir efecto To take effect / To have an effect.

Suspender pagos To suspend payments.

Suspender una reunión To cancel a meeting.

Suspenderse las negociaciones To suspend

negotiations.

Sustancias inflamables Inflammable substances.

Sustancias radioactivas Radioactive substances.

Sustancias venenosas Poisonous substances.

Sustituir a alguien To substitute someone / To stand in for someone.

Sustituir una cosa por otra To substitute one thing for another.

T

Tachar un nombre de una lista To cross a name off a list.

Tachar una palabra To cross out a word / To cross off a word.

Tal como están las cosas As things stand / The way things are at present.

Tal cual Just as it is / Just the way it is.

Tal vez Perhaps.

Tales como Such as.

Talonario de cheques Cheque book.

Tan deprisa como As fast as.

Tan deprisa como pude As fast as I could.

Tan deprisa como sea posible As fast as possible.

Tan lejos So far away.

Tan pronto como As soon as.

Tan pronto como sea posible As soon as possible.

Tan pronto como venga As soon as he comes.

Tan pronto les sea posible As soon as you can.

Tan rápido como sea posible As quickly as possible.

Tan simple como esto This simple / As simple as this.

Tantas cosas como As many things as.

Tanto como As much as.

Tanto mejor So much the better / All the better.

Tanto peor So much the worse / All the worse.

Tanto tiempo Such a long time / So long.

Tanto tiempo como As long as.

Tanto uno como otro One as much as the other.

Tantos como As many as.

Tardar en volver To be a long time in returning / To be a long time coming back.

Tardar mucho en hacer algo To take a very long time to do something.

Tardaremos otros 5 años en rectificarlo It will take us another five years to put it right.

Tarde o temprano Sooner or later.

Tarifa de anuncios Advertising rates.

Tarjeta de negocio Business card.

Tarjeta de visita Visiting card.

Tasa de crecimiento Rate of growth / Growth rate.

Tasa de desempleo Unemployment rate.

Técnico en administración de empresas Bachelor of business administration.

Telefonear a alguien To phone someone.

Telefonear diciendo que To phone to say that.

Teléfono directo Direct line.

Teléfono inalámbrico Cordless phone.

Teléfono móvil Cellular (phone) / Mobile (phone).

Temas afines Related topics.

Temer hacer algo To be afraid to do something / To be afraid of doing something.

Temer lo peor To fear the worst.

Temprano a la mañana siguiente Early the next morning.

Temprano por la mañana Early in the morning / In the early morning.

Tendencia a hacer algo Tendency to do something.

Tendencia a la baja Downward trend.

Tendencia al alza Upward trend.

Tendencia hacia Tendency towards.

Tendencias del mercado Market trends.

Tender a hacer algo To tend to do something.

Tendremos mucho gusto en We will be very happy to.

Tenemos que hacernos más competitivos We must make ourselves more competitive.

Tenemos que mejorar nuestra posición

competitiva We must improve our competitive position.

Tener a alguien al teléfono To have someone on the line.

Tener a alguien informado de algo To keep someone informed of something.

Tener a la vista To have in view.

Tener al corriente To keep informed / To keep up to date.

Tener algo a mano To have something at hand.

Tener algo en proyecto To be planning something.

Tener algo entre manos To have something in hand.

Tener algo preparado To have something in readiness.

Tener algo que hacer To have something to do.

Tener algo que ver con To have something to do with.

Tener amplios conocimientos de informática To have a good knowledge of computing.

Tener aptitud para algo To be good at something.

Tener aptitudes para los

negocios To have good business sense.

Tener autoridad para hacer algo To have authority to do something.

Tener autoridad sobre alguien To have authority over someone.

Tener buen ojo para algo To have a good eye for something.

Tener buena memoria To have a good memory.

Tener buena opinión de alguien To have a high opinion of someone.

Tener buenas relaciones (estar relacionado) To be well-connected.

Tener buenas relaciones con alguien To be on good terms with someone.

Tener cada vez más aceptación entre compradores jovenes To have increasing success among younger buyers.

Tener casi decidido hacer algo To have all but decided to do something.

Tener cinco años de experiencia To have five years experience.

Tener cita con alguien To have an appointment with

someone.

Tener como meta algo To have something as one's goal.

Tener confianza en alguien To trust someone.

Tener conocimiento de que To be acquainted with the fact that.

Tener conocimientos de informática a nivel de usuario To have a working knowledge of computing at user-level.

Tener cuentas abiertas en varias entidades bancarias To have accounts in several banks.

Tener derecho a la jubilación anticipada To have the right to early retirement.

Tener deudas To be in debt.

Tener diez años de anti-güedad en la empresa To have ten years seniority in the company.

Tener dificultad en hacer algo To have difficulty in doing something.

Tener dificultades con algo To have trouble with something.

Tener dinero To be well-off.

Tener dinero de sobra To have money to spare.

Tener disponibilidad de horario To have a flexible working schedule.

Tener distribuidores en un país To have distributing agents in a country.

Tener donde escoger To have a good choice.

Tener dudas acerca de algo To have doubts about something.

Tener dudas sobre lo anteriormente expuesto To have reservations about what was put forward earlier.

Tener el gusto de informar a alguien de algo To be pleased to inform someone of something.

Tener el número de teléfono de alguien To have someone's phone number.

Tener el placer de hacer algo To have the pleasure of doing something.

Tener en consideración To take into consideration.

Tener en cuenta To keep in mind / To bear in mind.

Tener en cuenta que To take into account that.

Tener en cuenta que los competidores nos llevan ventaja To bear in mind that competitors have an advantage over us.

Tener existencias de un producto To have a product in stock.

Tener éxito en hacer algo To succeed in doing something.

Tener experiencia To have experience / To be experienced.

Tener experiencia en hacer algo To have experience in doing something.

Tener ideas descabelladas To have crazy ideas.

Tener importancia To be of importance.

Tener intención de hacer algo To intend to do something.

Tener interés en hacer algo To be interested in doing something.

Tener interés por algo To have an interest in something / To be interested in something.

Tener la impresión de que To have the impression that.

Tener la oportunidad de hacer algo To have an opportunity to do something.

Tener la palabra To have the floor.

Tener la reunión por la tarde To have the meeting in the afternoon.

Tener la seguridad de que To be sure that / To be certain that.

Tener la suerte de To be lucky enough to.

Tener la ventaja de To have the advantage of.

Tener las esperanzas puestas en algo To have one's hopes set on something.

Tener más de 50 años To be more than 50 years old.

Tener motivo para hacer algo To have a reason for doing something / To have a reason to do something.

Tener mucha antigüedad en la empresa To have been in the company for a very long time.

Tener mucha necesidad de dinero To need money badly.

Tener mucha prisa To be in a great hurry.

Tener muchísimo que ver

con To have a great deal to do with.

Tener mucho cuidado con algo To be very careful with something.

Tener mucho gusto en hacer algo To have great pleasure in doing something.

Tener mucho que hacer To have a great deal to do.

Tener mucho trabajo To have a lot of work.

Tener muy buena opinión de alguien To have a very high opinion of someone.

Tener necesidad de algo To be in need of something.

Tener noticia de algo To hear of something.

Tener noticias de alguien To hear from someone / To hear about someone.

Tener para largo (esperar mucho) To expect a long wait.

Tener poca aceptación (una propuesta) Not to be well-received.

Tener por costumbre hacer algo To be in the habit of doing something.

Tener preferencia por algo To have a preference for something.

Tener presente To bear in mind / To keep in mind.

Tener prisa To be in a hurry.

Tener prisa por hacer algo To be in a hurry to do something.

Tener problemas con algo To have trouble with something.

Tener que cambiar el vuelo To have to change one's flight.

Tener que hacer algo To have to do something.

Tener que ver con To have to do with.

Tener razón To be right.

Tener salida (un producto) To have a market.

Tener serias dudas To have grave doubts.

Tener siempre respuesta To have an answer for everything.

Tener suficiente experiencia en los negocios To have enough business experience.

Tener tendencia a algo To have a tendency towards something.

Tener tiempo de hacer un poco de turismo To have time to do a bit of sightseeing.

Tener tiempo de sobra To have ample time.

Tener un buen método de trabajo To have good work methods / To have a good way of working.

Tener un compromiso previo To have a previous commitment.

Tener un empleo To have a job.

Tener un expediente impecable To have an unblemished record.

Tener un mes de vacaciones To have a month's holiday.

Tener un negocio To own a business.

Tener un par de cosas que hacer To have one or two things to get done / To have a couple of things to do.

Tener un precio competitivo (un producto) To be competitively priced.

Tener una acogida favorable To be well-received.

Tener una buena estrategia de ventas To have a good sales strategy.

Tener una cita con alguien To have an appointment with someone.

Tener una clara política de selección de personal To have a clear recruitment policy.

Tener una conversación con alguien To have a conversation with someone.

Tener una discusión con alguien To have an argument with someone.

Tener una entrevista con alguien To have an interview with someone.

Tener una mala racha To have a run of bad luck.

Tener una mañana libre To have a morning off.

Tener una política estricta To have a strict policy.

Tener una pregunta que hacer To have a question to ask.

Tener una propuesta para los proveedores To have a proposal for suppliers.

Tener una reunión a las 8 To have a meeting at 8 o'clock.

Tener una reunión con alguien To have a meeting with someone.

Tener una revisión médica To have a medical examination / To have a check-up.

Tener una segunda entrevista To have a second interview.

Tener ventaja sobre alguien To have an advantage over someone.

Tenga la seguridad de que Rest assured that.

Ténganse en cuenta que no se trata de una multinacional Take into account that we are not talking about a multi-national.

Tengo mis dudas I have my doubts.

Tengo previsto esbozar nuestros planes comerciales I intend to outline our business plans.

Tengo problemas al enfocar el proyector I'm having trouble focussing the projector.

Tengo que colgar ahora I'll have to ring off now.

Teniendo todo en cuenta All things considered / Taking everything into account.

Terminar algo To bring something to an end / To finish something.

Terminar con algo To finish with something.

Terminar con un recordatorio To finish with a reminder.

Terminar de hacer algo To finish doing something.

Terminar diciendo que To finish by saying that.

Terminar el trabajo To finish (off) one's work.

Terminar la reunión antes de lo previsto To end a meeting ahead of schedule.

Terminar la reunión con un resumen de la situación To close the meeting with a summary of the situation.

Terminar por decir To end up by saying.

Terminar rápidamente con el tema To finish with the matter quickly.

Tiempo de sobra Plenty of time.

Tiendas de la zona Local shops.

Tiene su teléfono buzón de voz? Does your phone have voice mail?

Tiene usted alguna sugerencia? Do you have you any suggestions?

Tiene usted cita? Do you have an appointment?

Tiene usted e-mail? Do you have e-mail?

Tienen ustedes alguna pregunta que hacer? Do you have any questions to ask?

Tienen ustedes fax? Do you have a fax?

Tocar a su fin To come to a close.

Tocar algo al piano To play something on the piano.

Tocar un tema To touch on a subject.

Tocarle a uno (el turno) To be one's turn.

Todas las líneas están ocupadas All the lines are busy / The lines are all engaged.

Todo a su tiempo All in good time.

Todo el año All (the) year / All the year round / All through the year.

Todo el día All day.

Todo el mundo Everybody / Everyone.

Todo el tiempo All the time.

Todo ha terminado It's all over.

Todo incluido Everything included / All in.

Todo junto All together.

Todo lo contrario Quite the opposite.

Todo lo demás Everything else.

Todo lo que All that.

Todo lo que haces All you do / Everything you do.

Todo mezclado All mixed up / All mixed together.

Todo sale mal Everything is going wrong / Everything is turning out badly.

Todo se acabó It's all over.

Todo se arreglará Things will be all right.

Todos ellos All of them.

Todos juntos All together.

Todos los años Every year.

Todos los días Every day.

Todos los gastos de envio corren por cuenta del cliente All postage costs are at the customer's expense.

Todos menos tú Everybody but you / Everyone except for you.

Todos menos uno All but one / All except one.

Todos nosotros All of us.

Todos nuestros productos están garantizados por un año All our products have a one-year guarantee / All our products are guaranteed for a year.

Todos participaron Everyone joined in.

Todos sin excepción Every one of them.

Todos y cada uno Each and every one.

Tolerar algo To put up with something / To tolerate something.

Tomar a alguien en serio To take someone seriously.

Tomar algo al pie de la letra To take something literally.

Tomar asiento To take a seat.

Tomar como pretexto To take as an excuse.

Tomar contacto con una empresa To contact a company.

Tomar como ejemplo To take as an example.

Tomar el primer vuelo que sale para To catch the first flight to.

Tomar el último tren To catch the last train.

Tomar el vuelo a primera hora de la mañana To take a flight first thing in the morning.

Tomar en cuenta To take into account.

Tomar en serio To take seriously.

Tomar fuerzas To build up strength.

Tomar la decisión correcta To make the right decision.

Tomar la delantera To take the lead.

Tomar la palabra To take the floor.

Tomar las cosas con calma To take things easy.

Tomar lecciones de alguien To take lessons from someone.

Tomar los valores medios de las cifras del balance To take the average value of the figures in the balance sheet

Tomar medidas To take measures.

Tomar medidas sobre algo To take measures concerning something.

Tomar notas To take notes.

Tomar parte en algo To take part in something.

Tomar parte en la reunión To take part in the meeting.

Tomar partido por To side with / To take sides with.

Tomar precauciones To take precautions.

Tomar un café antes de empezar a trabajar To have a (cup of) coffee before starting work.

Tomar una decisión To take a decision / To make a decision.

Tomar una decisión en cuanto adónde producirlo To take the decision on where to produce it.

Tomar vacaciones en agosto To take vacation in August.

Tomarle la palabra a alguien To take someone at his word.

Tomarlo con calma To take it easy.

Tomarlo en serio To take it seriously.

Tomarse algo a la ligera To take something lightly.

Tomarse interés por o take an interest in.

Tomarse la libertad de hacer algo To take the liberty of doing something.

Tomarse la molestia de hacer algo To take the trouble to do something.

Tomarse mucho interés por To take a great interest in.

Tomarse un descanso To have a rest / To have a break.

Tomarse un día libre To take a day off.

Tomarse un mes de vacaciones To take a month's vacation.

Tomarse uno el tiempo necesario To take as long as necessary.

Tomen asiento, por favor Please be seated / Sit down, please.

Totalmente prohibido Strictly forbidden.

Trabaja en el sucursal de Miami He works at the Miami branch.

Trabajador cualificado Skilled worker.

Trabajador de oficina White-collar worker.

Trabajador en línea de montaje Assembly-line worker.

Trabajador especializado Specialized worker.

Trabajador eventual Casual worker.

Trabajador de una fábrica Blue-collar worker.

Trabajador por cuenta ajena Payroll employee.

Trabajador por cuenta propia Self-employed person / Freelance worker.

Trabajar a pleno rendimiento To work at full capacity.

Trabajar a tiempo parcial To work part time.

Trabajar como equipo To work as a team.

Trabajar como traductor To work as a translator.

Trabajar contrarreloj To work against time / To work against the clock.

Trabajar de balde To work without getting paid / To work for nothing.

Trabajar de directivo en una empresa To work as a company director.

Trabajar de firme To work hard.

Trabajar de publicista To work in advertising / To work as a publicity agent.

Trabajar en el turno de noche To work the night shift.

Trabajar en el sector bancario To work in the banking sector.

Trabajar en equipo To work in a team.

Trabajar en investigación y desarrollo To work in research and development.

Trabajar en tres turnos To work round the clock.

Trabajar en un cargo directivo To work as a manager / To work in a managerial capacity.

Trabajar en una multinacional To work in a multinational.

Trabajar en una oficina To work in an office.

Trabajar horas extras To work overtime.

Trabajar jornada completa To work full time.

Trabajar media jornada To work half time.

Trabajar mucho To work hard.

Trabajar para alguien To work for someone.

Trabajar para ganarse la vida To work for one's living.

Trabajar por cuenta ajena To work for an employer / To work for someone.

Trabajar por cuenta propia To be self-employed.

Trabajar por dinero To work for money.

Trabajar por horas To work on an hourly basis.

Trabajar por turnos To work shifts.

Trabajar todos los fines de semana To work every weekend.

Trabajar una media de 12

horas al día To work an average of 12 hours a day.

Trabajo bien recompensado Well-paid work.

Trabajo cualificado Skilled work.

Trabajo de oficina White-collar work

Trabajo desde casa Work from home.

Trabajo en curso Work in progress.

Trabajo en equipo Teamwork.

Trabajo fijo Permanent job.

Trabajo no especializado Unskilled labour.

Trabajo organizado Organized labour.

Trabajo por turnos Shift work.

Trabajo temporal Temporary work.

Trabar conversación To strike up a conversation.

Traducir al español To translate into Spanish.

Traducir del español al inglés To translate from Spanish into English.

Traducir del inglés To translate from English.

Traducir palabra por palabra To translate word for word.

Transcurrido este plazo When this period has elapsed.

Transferencia bancaria Bank transfer.

Transformarse una cosa en otra To change something into something else.

Transporte aéreo Air transport.

Transporte marítimo Sea transport.

Transporte por carretera Road transport.

Transporte por ferrocarril Railway transport.

Transporte terrestre Overland transport.

Trata de (un informe) It is about.

Tratar de ganar tiempo To play for time / To try to win time.

Tratar de hacer algo To try to do something.

Tratar de tú a alguien To be informal with someone.

Tratar de un asunto To deal with a subject.

Tratar el problema To deal with the problem.

Tratar el siguiente tema To deal with the next issue.

Tratarlo como un asunto aparte To treat it as a

matter apart / To treat it as a separate issue.

Trato hecho It's a deal.

Tren de carga Goods train.

Tres días seguidos Three days in a row / Three days running.

Tres horas y media Three and a half hours.

Tres veces consecutivas Three times running.

Tres veces de cada diez Three times out of ten.

Triplicar ventas en dos años To treble sales in two years.

Tropezar con un obstáculo To trip over an obstacle.

Turno de día Day shift.

Turno de noche Nightshift.

Turno de preguntas Question-and-answer session.

Turno rotativo Rotating shift.

U

Un acuerdo de fusión con otra empresa A merger agreement with another company.

Un adelanto técnico A technical advance.

Un año después A year after / A year afterwards.

Un aumento de costes originaría una caída de los beneficios An increase in costs would cause a fall in profits.

Un aumento importante en los beneficios A large increase in profits.

Un buen rato (mucho tiempo) A good while.

Un buen rato (periodo agradable) A good time.

Un cálculo exacto An exact calculation.

Un cordial saludo Best regards.

Un descenso del 2% en los beneficios A 2% drop in profits.

Un equipo joven y

dinámico A young, dynamic team.

Un error en la última factura A mistake in your last invoice.

Un estudio en profundidad An in-depth study.

Un informe detallado A detailed report.

Un intermediario entre el productor y el usuario final A middleman between the producer and the end user.

Un largo rato A long while.

Un momento antes A moment before.

Un momento después A moment later.

Un motivo de preocupación A reason for concern.

Un número antiguo de la revista An old copy of the magazine.

Un par de años atrás A couple of years back.

Un pedido mínimo A minimum order.

Un poco A little.

Un poco antes A bit earlier.

Un poco después A little later / A little afterwards.

Un poco más tarde A little later / A little bit later on.

Un poco mejor A little better / A bit better.

Un producto de precio competitivo A competitively-priced product.

Un promedio de dos años An average of two years.

Un récord nunca alcanzado An all-time record.

Un resumen de la situación A summary of the situation.

Una base de datos de empresas y profesionales de todos los sectores A data base of companies and professionals from all sectors.

Una buena cantidad A considerable amount / A good amount.

Una campaña de publicidad sin objetivo claro An advertising campaign with no clear objective.

Una carta bien redactada A well-worded letter.

Una carta mal redactada A badly-worded letter.

Una comparación interempresas An intercompany comparison.

Una contestación negativa A negative answer.

Una cosa más One thing

more / Another thing.

Una decisión afortunada A good decision.

Una decisión poco afortunada A bad decision.

Una diferencia apreciable An appreciable difference.

Una empresa modelo A model company.

Una estrategia demasiado agresiva An over-aggressive strategy.

Una forma de hacer algo A way of doing something.

Una garantía de un año A one-year guarantee.

Una hora aproximadamente About an hour.

Una hora poco conveniente para encontrarse An awkward time to meet.

Una industria en rápido crecimiento A fast-growing industry.

Una línea creciente An upward line.

Una línea de puntos A dotted line.

Una línea decreciente A downward line.

Una línea discontinua A broken line.

Una muestra representativa A representative sample.

Una pérdida de tiempo A waste of time.

Una persona asequible An approachable person.

Una rebaja especial del 25 % A special 25% discount.

Una respuesta afirmativa An affirmative answer.

Una salva de aplausos A thunder of applause.

Una semana de descanso A week's rest.

Una semana más tarde A week later.

Una semana sí y otra no Every other week.

Una solución comúnmente adoptada A commonly-adopted solution.

Una vez a la semana Once a week.

Una vez hecho esto Once this has been done.

Una vez más Once again / Once more.

Una vez nada más Just once / Only once.

Una vez por semana Once a week.

Una vez por todas Once and for all.

Una y otra vez Over and over again.

Unir una cosa con otra To join one thing to another.

Unirse al equipo directivo To join the management team.

Uno a uno One by one.

Uno al lado del otro Side by side / One beside the other.

Uno de cada diez One out of ten.

Uno de estos días One of these days.

Uno de más One too many.

Uno de menos One too few.

Uno de tantos One of many.

Uno después de otro One after the other.

Uno por uno One by one.

Uno sobre otro One above the other.

Uno tras otro One after another / One after the other.

Unos diez euros a la semana About ten euros a week.

Usted dirá (al servir vino) Say when.

Usted primero After you.

Utilizar algo To use something.

Utilizar casos prácticos muy simplificados To use much-simplified practical examples.

V

Valer la pena To be worthwhile.

Valer la pena hacer algo To be worth doing something.

Valer para algo To be useful for something.

Valer una fortuna To be worth a fortune.

Valerse de algo To make use of something.

Valor añadido Added value.

Valor comercial Market value.

Valor de marca Brand value.

Valorado en 500 euros Valued at 500 euros.

Vamos a hacer un descanso Let's take a break.

Vamos al caso Let's come to the point / Let's get to the point.

Varias veces Several times.

Véase la página 3 See page 3.

Véase más arriba See

above.

Veinte por ciento Twenty per cent.

Velar por los intereses de alguien To look after someone's interests.

Vemos claramente el empeoramiento en los beneficios We see clearly the worsening in profits.

Vencer una dificultad To overcome a difficulty.

Vender a comisión To sell on commission.

Vender a domicilio To sell from door to door.

Vender a granel To sell in bulk.

Vender a plazos To sell in instalments / To sell on hire purchase.

Vender al contado To sell cash.

Vender al peso To sell by weight.

Vender al por mayor To sell wholesale.

Vender al por menor To sell retail.

Vender algo a alguien To sell something to someone.

Vender algo a precio de coste To sell something at cost price.

Vender algo a precio de saldo To sell something at a bargain price / To sell something at a knock-down price.

Vender algo con descuento To sell something at a discount.

Vender algo con un beneficio To sell something at a profit.

Vender algo gananado el diez por ciento To sell something at ten per cent profit.

Vender algo perdiendo dinero To sell something at a loss.

Vender algo por 50 euros To sell something for 50 euros.

Vender barato To sell cheaply.

Vender barato para ganar cuota de mercado To sell cheaply (in order) to gain market share.

Vender el negocio To sell one's business.

Vender en subasta pública To sell by auction.

Vender los excedentes To sell off surplus stock.

Vender más que en el año anterior To sell more than in the previous year.

Vender muy barato To sell at a give-away price.

Vendido al precio de 6.000 euros Sold for the price of 6,000 euros.

Vendido en subasta Sold by auction.

Venir a ser lo mismo To come to the same thing.

Venir al caso To be relevant.

Venir de muy atrás (problemas) To date back a long time.

Venir en calidad de observador To come as an observer.

Venta al contado Cash sale.

Venta al detalle Retail sales.

Venta al por mayor Wholesale.

Venta directa Direct selling.

Venta por correo Mail order sales.

Venta por liquidación Clearance sale.

Ventaja comparativa Comparative advantage.

Ventaja sobre algo Advantage over something.

Ventas anuales Yearly sales.

Ventas por teléfono Telephone sales.

Ver a alguien en persona To see someone in person.

Ver a alguien hacer algo To see someone doing something.

Ver algo desde el punto de vista de otro To see something from someone else's point of view.

Ver algo desde un punto de vista distinto To see something from a different viewpoint.

Ver algo por uno mismo To see something for oneself.

Ver las cosas por el lado pesimista To take a pessimistic view.

Ver mermado el poder adquisitivo To have reduced purchasing power.

Ver si alguien está (en la oficina) To see if someone is in.

Verse afectado negativamente To be negatively affected.

Verse en la sede de Miami To meet at the Miami headquarters.

Verse obligado a hacer algo To be forced into doing something.

Verse obligado a cancelar una reunión To be forced to cancel a meeting.

Viajante de comercio Commercial traveller / Travelling salesman.

Viajar en clase turista To travel tourist class.

Viajar en primera clase To travel first class.

Viajar por negocios To travel on business.

Viaje de negocios Business trip.

Visto que Seeing that.

Volumen de exportación Exports.

Volumen de negocio Turnover.

Volver a decir To say over again.

Volver a hacer algo To do something again.

Volver a la carga (insistir) To keep at it.

Volver a la normalidad To return to normal.

Volver a llamar más tarde To call back later.

Volver a ponerse en contacto To get back in touch.

Volver a tener noticias de alguien To hear back from someone.

Volver al cabo de un año To return after a year / To come back in a year.

Volver al tema que nos ocupa To go back to the issue that concerns us.

Volver al trabajo To return to work.

Volver algo del revés To turn something inside out.

Volver dentro de un momento To return in a moment / To be back in a moment.

Volver en 5 minutos To be back in 5 minutes.

Volver la página To turn over the page.

Volver la vista atrás To look back.

Volverse atrás (cambiar de opinión) To back out.

Votar a favor de alguien To vote for someone.

Votar en contra de alguien To vote against someone.

Vuelo doméstico Domestic flight.

Zona de libre cambio Free trade area.

Y

Y además de todo esto And on top of all this.

Y así sucesivamente And so on.

Y bien? Well?

Y luego qué? What next? / And then what?

Y qué? So what?

Ya que estás en ello While you're about it.

Ya que lo mencionas Now that you mention it.

Ya se ha aludido con anterioridad a Reference has previously been made to.

Z

Zona comercial Shopping area.

Zona del dólar The dollar zone.

Zona del euro The euro zone.

English ↔ Spanish

A

A 2% average Promedio del 2%.

A 2% drop in profits Un descenso del 2% en los beneficios.

A 2% profit increase Aumento de beneficios en un 2%.

A 2% rise in profits Aumento de beneficios en un 2%.

A bad decision Una decisión poco afortunada.

A badly-worded letter Una carta mal redactada.

A bit better Un poco mejor.

A bit earlier Un poco antes.

A bit later Un poco después.

A broken line Una línea discontinua.

A commonly-adopted solution Una solución comúnmente adoptada.

A competitively-priced product Un producto de precio competitivo.

A considerable amount Una buena cantidad.

A couple of years back Un par de años atrás.

A data base of companies and professionals from all sectors Una base de datos de empresas y profesionales de todos los sectores.

A detailed report Un informe detallado.

A dotted line Una línea de puntos.

A downward line Una línea decreciente.

A fall in the average interest rate Descenso del tipo medio de interés.

A fast-growing industry Una industria en rápido crecimiento.

A few minutes before eight Unos minutos antes de las ocho.

A few minutes later Unos minutos después.

A few months ago Hace algunos meses.

A few weeks back Hace unas semanas.

A few years ago Hace unos cuantos años.

A good amount Una buena cantidad.

A good decision Una decisión afortunada.

A good time Un buen rato (periodo agradable).

A good while Un buen rato (mucho tiempo).

A graph showing balance sheets Representación gráfica de los balances.

A large increase in profits Un aumento importante en los beneficios.

A merger agreement with another company Un acuerdo de fusión con otra empresa.

A middleman between the producer and the end user Un intermediario entre el productor y el usuario final.

A minimum order Un pedido mínimo.

A mistake in your last invoice Un error en la última factura.

A model company Una empresa modelo.

A negative answer Una contestación negativa.

A one-year guarantee Una garantía de un año.

A reason for concern Un motivo de preocupación.

A representative sample Una muestra representativa.

A short while ago Hace poco rato.

A special 25% discount Una rebaja especial del 25 %.

A summary of the situation Un resumen de la situación.

A technical advance Un adelanto técnico.

A thunder of applause Una salva de aplausos.

A waste of time Una pérdida de tiempo.

A way of doing something Una forma de hacer algo.

A week from now En una semana.

A week later Una semana más tarde.

A week today De hoy en ocho días.

A week's rest Una semana de descanso.

A well-worded letter Una carta bien redactada.

A while ago Hace un rato.

A year after Un año después.

A year afterwards Un año después.

A year ago today Hoy hace un año.

A year and a half Un año y medio.

A young, dynamic team Un

equipo joven y dinámico.

Ability to do something
Habilidad de hacer algo.

About an hour Una hora
aproximadamente.

About eight o'clock Sobre
las ocho.

About ten euros a week
Unos diez euros a la
semana.

About thirty Unos treinta.

About to do something A
punto de hacer algo.

About two million euros
Alrededor de dos millones
de euros.

About two years ago Hace
unos dos años.

Above all Sobre todo.

Above average Superior al
promedio.

Above-mentioned Antes
mencionado.

Absent from the meeting
Ausente de la reunión.

Absentee rate Nivel de
absentismo.

Absolutely impossible De
todo punto imposible.

**Absorb losses made by the
subsidiary** Absorber las
pérdidas de la filial.

Accept (the) risk Asumir el
riesgo.

Accept a proposal Aceptar
una propuesta.

Accept a takeover bid
Aceptar una oferta de
adquisición.

Accept an invitation
Aceptar una invitación.

**Accept responsibility for
something** Asumir la
responsabilidad de algo.

**Accept return of goods
within a specified time
limit** Admitir devoluciones
de la mercancía dentro de
un plazo.

Accept the nomination
Aceptar el nombramiento.

Accident compensation
Indemnización por
accidente.

Accident prevention
Prevención de accidentes.

Accompanied by someone
Acompañado de alguien.

According to Conforme a.

**According to the
customer's instructions**
Según las instrucciones del
cliente.

**According to the data in
the example** Según los
datos del ejemplo.

**According to the latest
polls** Según las últimas
encuestas.

Account for one's actions

Rendir cuentas.

Account for something
Explicar el porqué de algo.

Account number Número
de cuenta.

Accounting principles
Principios de contabilidad.

**Achieve 20% growth this
year** Alcanzar un
crecimiento del 20% para
este año.

Achieve top profitability
Alcanzar la máxima
rentabilidad.

Acknowledge receipt of
Acusar recibo de.

Acknowledgment of receipt
Acuse de recibo.

Act as an interpreter Hacer
de intérprete.

Act for Actuar en
representación de.

Act hastily Actuar
precipitadamente.

Act immediately Actuar
inmediatamente.

Act of bankruptcy
Declaración de quiebra.

Actually En realidad.

**Adapt to customer
requirements** Adaptarse a
los deseos del cliente.

Add one thing to another
Añadir una cosa a otra.

Add up a bill Sumar una

factura.

Add up amounts Sumar
cantidades.

Added value Valor añadido.

Address a letter Dirigir una
carta.

Address the public
Dirigirse al público.

Administration costs
Gastos de administración.

Admit defeat Darse por
vencido.

**Adopt appropriate
strategies** Adoptar
estrategias adecuadas.

Advance payment
Adelantar el pago / Pago
por adelantado.

Advantage over something
Ventaja sobre algo.

**Advertise a job in the
newspaper** Anunciar un
puesto de trabajo en el
periódico.

Advertise a product Hacer
la publicidad de un
producto.

**Advertise a product on
television** Anunciar un
producto en televisión.

Advertise for Solicitar por
medio de un anuncio.

**Advertising campaign over
the next quarter** Campaña
de publicidad para el

próximo trimestre.

Advertising company
Empresa de publicidad.

Advertising costs Gastos de publicidad.

Advertising Department
Departamento de Publicidad.

Advertising leaflet Folleto promocional.

Advertising Manager
Director de Publicidad.

Advertising material
Material publicitario.

Advertising media Medios de publicidad.

Advertising rates Tarifa de anuncios.

Advocate training Apostar por la formación.

Affix a seal Poner un sello (en un documento).

Afore-mentioned
Mencionado anteriormente.

After a time Después de algún tiempo.

After an hour or so Después de una hora más o menos.

After the meeting Después de la reunión.

After work Después del trabajo.

After you Usted primero.

Against Opuesto a (actitud).

Against the clock
Contrarreloj.

Agenda Orden del día.

Agree on something
Quedar en algo.

Agree to a plan Estar de acuerdo con un plan.

Agree to do something
Estar de acuerdo en hacer algo / Acordar hacer algo.

Agree to someone's conditions Estar de acuerdo con las condiciones de alguien.

Agree to the opening of more retail outlets Estar de acuerdo con abrir más tiendas.

Agree to the terms Estar de acuerdo con los términos.

Agree up to a point Estar de acuerdo hasta cierto punto.

Agree with someone Estar de acuerdo con alguien.

Agree with the figures put forward Estar de acuerdo con las cifras expuestas.

Agreement on something
Acuerdo sobre algo.

Aim high Aspirar a mucho.

Air transport Transporte aéreo.

All (the) year Todo el año.

All appearances Por lo que

se ve.

All but one Todos menos uno.

All day Todo el día.

All except one Todos menos uno.

All in Todo incluido.

All in all Considerándolo todo.

All in good time Todo a su tiempo.

All mixed together Todo mezclado.

All mixed up Todo mezclado.

All our products are guaranteed for a year Todos nuestros productos están garantizados por un año.

All postage costs are at the customer's expense Todos los gastos de envio corren por cuenta del cliente.

All right De acuerdo.

All that Todo lo que.

All the better Tanto mejor.

All the lines are busy Todas las líneas están ocupadas.

All the lines are engaged Están ocupadas todas las líneas.

All the more reason to Razón de más para.

All the time En todo momento.

All the worse Tanto peor.

All the year round Todo el año.

All things considered Teniendo todo en cuenta.

All through the year Todo el año.

All together Todo junto / Todos juntos.

All you do Todo lo que haces.

Allocate funds Asignar fondos.

Allow for unexpected expenses Dejar un margen para gastos imprevistos.

Allow growth Permitir el crecimiento.

Allow someone to do something Permitir a alguien que haga algo.

Allow that something is true Reconocer que algo es verdad.

Alter the terms Cambiar los términos.

Amenable to suggestions Sensible a las sugerencias.

Among those who agree Entre los que están de acuerdo.

Amount to Ascender a (una suma).

An advertising campaign with no clear objective Una campaña de publicidad sin objetivo claro.

An affirmative answer Una respuesta afirmativa.

An all-time record Un récord nunca alcanzado.

An appreciable difference Una diferencia apreciable.

An approachable person Una persona asequible.

An average of two years Un promedio de dos años.

An awkward time to meet Una hora poco conveniente para encontrarse.

An exact calculation Un cálculo exacto.

An hour ago Hace una hora.

An increase in costs would cause a fall in profits Un aumento de costes originaría una caída de los beneficios.

An in-depth study Un estudio en profundidad.

An inter-company comparison Una comparación inter-empresas.

An old copy of the magazine Un número antiguo de la revista.

An over-aggressive strategy Una estrategia demasiado agresiva.

An upward line Una línea creciente.

Analyse results from recent surveys Analizar los resultados de las encuestas recientes.

Analyse the economic situation Analizar la situación económica.

Analyse the figures Analizar las cifras.

Analyse the structure Analizar la estructura.

And on top of all this Y además de todo esto.

And so on Y así sucesivamente.

And then what? Y luego qué?

And to top it all Por si eso fuera poco.

Announce a guest Anunciar a un invitado.

Announce new measures Anunciar nuevas medidas.

Announce the closure of some of the shops Anunciar el cierre de algunas de las tiendas.

Announce the voting

results Comunicar los resultados de la votación.

Annoyed at something Molesto por algo.

Annual budget Presupuesto anual.

Annual general meeting Reunión general anual.

Annual income Ingresos anuales / Renta annual.

Annual meeting Reunión anual.

Annual profits Beneficios anuales.

Annual report Informe anual.

Another thing Una cosa más.

Another time perhaps Quizás en otro momento.

Answer a letter Responder a una carta.

Answer a question Responder a una pregunta.

Answer correctly Contestar correctamente.

Answer for something Responder de algo.

Answer fully Contestar con todo detalle.

Answer on someone's behalf Responder por alguien (en su lugar).

Answer point by point Contestar punto por punto.

Answer politely Contestar de forma educada.

Answer someone in writing Contestar a uno por escrito.

Answer the purpose Ser adecuado para un propósito.

Answer the telephone Contestar al teléfono.

Answer to a description Responder a una descripción.

Answer to the name of Responder al nombre de.

Answer without hesitation Responder sin vacilar.

Any of the items in this product line Cualquiera de los productos de esta línea.

Any time now De un momento a otro.

Anyhow De cualquier modo.

Anyway De todas formas.

Apart from that Por lo demás.

Apologize for something Pedir disculpas por algo.

Apologize to someone Pedir disculpas a alguien.

Apparently Según parece.

Appear viable Parecer factible.

Applicant for a post Candidato a un puesto de trabajo.

Application form
Formulario de solicitud.

Apply for a job Ofrecerse para un empleo / Solicitar un empleo.

Apply for a loan Pedir un préstamo.

Appreciate something for its true value Apreciar algo en su justo valor.

Approach a problem Enfocar un problema.

Approve a budget Aprobar un presupuesto.

Approve of something Aprobar algo (estar de acuerdo).

Approve the merger proposal unanimously Aprobar por unanimidad la propuesta de fusión.

Are you anywhere near finished? Os falta mucho para acabar?

Are you for or against it? Estás a favor o en contra?

Are you free tomorrow? Está usted libre mañana?

Area representative Representante de área.

Argue about something Discutir por algo.

Arouse suspicion Despertar sospechas.

Arrange to meet for dinner Quedar para cenar.

Arrange to meet someone Fijar una cita con alguien.

Arrive a little bit later on Llegar un poco más tarde.

Arrive ahead of schedule Llegar antes de lo previsto.

Arrive ahead of time Llegar con anticipación.

Arrive at a conclusion Llegar a una conclusión.

Arrive at the office Llegar a la oficina.

Arrive at the station Llegar a la estación.

Arrive early Llegar pronto.

Arrive five minutes late Llegar cinco minutos tarde.

Arrive from Miami Llegar de Miami.

Arrive in good time Llegar con tiempo.

Arrive late for an appointment Llegar tarde a una cita.

Arrive on the 1 o'clock plane Llegar en el avión de la una.

Arrive on time for an appointment Llegar puntual a una cita.

As a consequence of the rising number of competitors Como consecuencia del aumento

del número de
competidores.

As a consultant Como
asesor.

As a last resort Como
último recurso.

As a mere formality Por
cumplir.

As a result of Como
resultado de.

As a rule Por regla general.

As a whole En su totalidad.

As agreed Como se acordó.

As far as I can Hasta donde
yo pueda.

As far as I can remember
Que yo recuerde.

As far as I can see Por lo
que veo.

As far as I know Por lo que
yo sé.

As far as I'm concerned
Por lo que a mí respecta.

As far as possible En la
medida de lo posible.

As fast as Tan deprisa
como.

As fast as I could Tan
deprisa como pude.

As fast as possible Tan
deprisa como sea posible.

As follows A continuación
(como se detalla).

As for me Por mi parte.

As for that Por lo que se

refiere a eso.

As I said before Como
decía antes.

As I see it Según lo veo.

As if that weren't enough
Por si eso fuera poco.

As if to say Como si
dijéramos.

As long as Siempre y
cuando.

As many things as Tantas
cosas como.

As may be easily seen
Como es fácil de
comprender.

As much as Tanto como.

**As part of another sales
strategy** Como parte de
otra estrategia comercial.

**As part of this year's
advertising campaign**
Como parte de la campaña
de publicidad de este año.

As previously said Como
se ha dicho antes.

As quickly as possible Tan
rápido como sea posible.

As regards Por lo que
respecta a.

As seen from the diagram
Como se ve en el esquema.

As seen in this example
Como se ve en este
ejemplo.

As shown in my CV Según

se especifica en mi CV.

As simple as this Tan simple como esto.

As soon as he comes En cuanto venga.

As soon as possible Con la mayor brevedad.

As soon as you can Tan pronto les sea posible.

As the graph shows Como muestra el diagrama.

As things stand Tal como están las cosas.

As usual Como es habitual.

As was already shown on the previous chart Como ya se indicó en el gráfico anterior.

As well as Además de.

As you can see from the attached CV Como puede ver en el CV adjunto.

As you can see from this bar chart Como pueden ver en este gráfico de barras.

As you can see here Como se ve aquí.

As you go along Sobre la marcha.

Ask a favour Pedir un favor.

Ask a question Formular una pregunta.

Ask about something Preguntar por algo.

Ask for a receipt Pedir un justificante.

Ask for an advance on one's salary Pedir un anticipo de sueldo.

Ask for an explanation Pedir cuentas.

Ask for someone Preguntar por alguien.

Ask for someone's help Pedir ayuda a alguien.

Ask for something Pedir algo.

Ask for the bill Pedir la cuenta.

Ask permission from someone Pedir permiso a alguien.

Ask questions Formular preguntas.

Ask someone a question Hacer una pregunta a alguien.

Ask someone about something Preguntar por algo a alguien.

Ask someone for something Pedir algo a alguien.

Ask someone not to do something Pedir a alguien que no haga algo.

Ask someone to do something Pedir a alguien que haga algo.

Assembly hall Salón de actos.

Assembly line Línea de montaje.

Assembly line production Producción en cadena.

Assembly-line worker Trabajador en línea de montaje.

Assess someone's work Hacer una evaluación del trabajo de alguien.

Assess the degree of management efficiency Evaluar el grado de eficiencia de la gestión.

Assess the risk Evaluar el riesgo.

Assistant Manager Director adjunto.

Associate with someone Asociarse con alguien.

Assume losses Asumir pérdidas.

Assuming that En el supuesto de que.

At a given moment En un momento determinado.

At a glance De una ojeada.

At a good price A buen precio.

At a lower cost Por menos dinero.

At a managerial level A nivel directivo.

At a set time En un tiempo fijado.

At about four o'clock Hacia las cuatro.

At all levels A todos los niveles.

At any moment De hoy a mañana.

At any time En cualquier momento.

At best En el mejor de los casos.

At first sight A primera vista.

At last Por fin / Por último.

At least let me Permítame usted por lo menos que.

At lunch Durante el almuerzo.

At my own risk Por mi cuenta y riesgo.

At one's own risk Por cuenta y riesgo de uno.

At present En el momento actual / Por ahora.

At regular intervals A intervalos regulares.

At short notice Con poca antelación.

At someone's request A instancias de alguien / A petición de alguien.

At that time Por aquel entonces.

At the beginning of June A

primeros de junio.

At the bottom of the page
En la parte inferior de la página.

At the current rate of exchange Al tipo de cambio vigente.

At the earliest Lo más temprano.

At the end of January A finales de enero.

At the end of the financial year Al final del ejercicio económico.

At the first opportunity En la primera ocasión.

At the last moment A última hora.

At the latest Lo más tarde.

At the lowest estimate Calculando por lo bajo.

At the meeting En la reunión.

At the moment De momento.

At the same time Al mismo tiempo.

At the scheduled time A la hora prevista.

At the suggestion of Por indicación de.

At the top of the page En la parte superior de la página.

At this point En este punto.

At times En ocasiones.

At your service A su disposición.

Attach a copy Adjuntar una copia.

Attach importance to something Conceder importancia a algo.

Attend a personal interview Mantener una entrevista personal.

Attend a presentation / a meeting Asistir a una presentación / una reunión.

Attend an intensive course Asistir a un curso intensivo.

Attend someone Atender a alguien (prestarle atención).

Attend the negotiations Asistir a las negociaciones.

Attendance at the meeting is compulsory La asistencia a la reunión es obligatoria.

Attract attention Llamar la atención.

Attract someone's attention Llamar la atención de alguien.

Attribute something to Atribuir algo a.

Attribute success to Atribuir el éxito a.

Authorize someone to do something Autorizar a alguien a hacer algo.

Authorized dealers
Distribuidores autorizados.

Authorized signature Firma
autorizada.

Average of 2% Promedio
del 2%.

Average out the data
Prorratear los datos.

Average price Precio
medio.

Average production
Producción media.

Average sales price Precio
medio de venta.

Avoid answering Eludir una
respuesta.

Avoid doing something
Evitar hacer algo.

**Aware of what is
happening** Enterado de lo
que ocurre.

Away on a business trip
En viaje de negocios.

Away on a trip De viaje.

B

**Bachelor of business
administration** Técnico en
administración de
empresas.

Back a project Apoyar un
proyecto.

Back out Volverse atrás
(cambiar de opinión).

Back someone up Apoyar a
alguien.

Back to front Al revés (lo de
detrás, delante).

Bad cheque Cheque sin
fondos.

Badly need Necesitar
urgentemente.

Balance sheet Memoria del
balance del año.

Bank charges Gastos
bancarios.

Bank giro Giro bancario.

Bank guarantee Garantía
bancaria.

Bank statement Extracto de
cuenta.

Bank transfer Transferencia
bancaria.

Bar chart Gráfico de barras.

Bargain price Precio de
ganga.

Base oneself on something
Basarse en algo.

Base price Precio base.

**Base statistics on proven
facts** Basar las estadísticas en hechos demos-
trables.

Basing oneself on
Basándose en.

Be a Board Member Ser miembro del Consejo de Administración.

Be a company rep Ser el representante de una empresa.

Be a dealer Ser distribuidor.

Be a decisive factor Ser un factor determinante.

Be a graduate Ser licenciado.

Be a high-flier Aspirar a mucho.

Be a key executive Ser un ejecutivo clave.

Be a long time in returning Tardar en volver.

Be a long way off Estar lejos.

Be a manager Ser un directivo.

Be a middleman Ser un intermediario.

Be a permanent employee Ser empleado fijo.

Be a qualified translator and interpreter Ser traductor e intérprete titulado.

Be a retailer Ser distribuidor al detalle.

Be a self-made man Ser un hombre hecho a sí mismo.

Be a senior manager Ser un alto directivo.

Be a sponsor Ser patrocinador.

Be a supplier Ser proveedor (de una compañía).

Be a top manager Ser un alto directivo.

Be a very productive year Ser un año muy productivo.

Be a wholesaler Ser distribuidor al por mayor.

Be able to do something Poder hacer algo.

Be about to arrive Estar al llegar.

Be above Ser superior a (un índice).

Be abroad at a conference Estar en el extranjero en una conferencia.

Be absent Estar ausente.

Be adequate (the proposed measures) Ser adecuadas (las medidas propuestas).

Be afraid of doing something Temer hacer algo.

Be afraid to do something Temer hacer algo.

Be after something Estar tras algo.

Be against a step Estar en contra de una medida.

Be against doing something Oponerse a

hacer algo.

Be against something
Estar en contra de algo.

Be all the same to someone Darle lo mismo a alguien.

Be amazed Quedarse asombrado.

Be an experience for someone Ser una experiencia para alguien.

Be an experienced systems analyst Ser un analista de sistemas con experiencia.

Be an influencing factor Ser un factor influyente.

Be an optimist Ser optimista.

Be acquainted with the fact that Tener conocimiento de que.

Be at an overseas conference Estar en el extranjero en una conferencia.

Be at someone's side Estar al lado de alguien.

Be at work Estar en el trabajo.

Be available Estar disponible (la mercancía).

Be available for a personal interview Quedar a disposición de alguien para una entrevista personal.

Be awarded a prize Recibir un premio.

Be aware of something Estar enterado de algo.

Be away Estar ausente.

Be away on business Estar de viaje de negocios.

Be away on holiday Estar fuera de vacaciones.

Be away on maternity leave Estar de baja por maternidad.

Be back in 5 minutes Volver en 5 minutos.

Be back in a moment Volver dentro de un momento.

Be badly off Estar en mala posición económica.

Be badly paid Estar mal pagado.

Be bankrupt Estar en bancarrota.

Be behind with one's work Llevar el trabajo atrasado.

Be beside the point No venir al caso.

Be booming Estar en auge.

Be bound for Ir con destino a.

Be busy Estar ocupada (la línea telefónica).

Be careful Poner cuidado.

Be certain that Tener la seguridad de que.

Be clear that Ser evidente que.

Be closely related to Estar estrechamente relacionado con.

Be competitive Ser competitivo.

Be competitively priced Tener un precio competitivo (un producto).

Be competitors in a market Ser competidores en un mercado.

Be convinced that Estar convencido de que.

Be convinced that it's the best alternative to follow Estar convencido de que es la mejor alternativa.

Be dependent on the international situation Depender de la situación internacional.

Be dismissed Ser despedido.

Be doing something this very moment Hacer algo en este mismo momento.

Be doubtful about something Dudar de algo.

Be due to the effects of inflation Deberse a los efectos de la inflación.

Be duplicated Estar repetido.

Be early Llegar pronto.

Be exactly the right person for the job Ser precisamente la persona indicada para el puesto.

Be exhausted No poder más.

Be expecting Estar en espera de.

Be experienced Tener experiencia.

Be familiar with something Estar familiarizado con algo.

Be far away Estar lejos.

Be fed up with doing something Estar harto de hacer algo.

Be fired Ser despedido.

Be for something Estar a favor de algo.

Be forced into doing something Verse obligado a hacer algo.

Be forced to cancel a meeting Verse obligado a cancelar una reunión.

Be fully convinced of Estar totalmente convencido de.

Be fully informed Estar al tanto.

Be furious Estar furioso.

Be going through a period of rapid expansion Encontrarse en un periodo de rápida expansión.

Be good at one's work
Hacer bien uno su trabajo.

Be grateful for Estar
agradecido por.

Be guided by something
Regirse por algo.

Be hard at work Estar muy
ocupado trabajando.

Be having a rest Estar
parado (descansando).

Be higher than Ser superior
a (un índice).

Be in a great hurry Tener
mucha prisa.

**Be in a hurry to do
something** Tener prisa por
hacer algo.

Be in a rage Estar furioso.

**Be in agreement with
someone about some-
thing** Estar de acuerdo con
alguien sobre algo.

**Be in agreement with the
proposal** Estar de acuerdo
con la propuesta.

**Be in agreement with what
someone says** Estar de
acuerdo con lo que alguien
dice.

**Be in arrears with
payments** Ir retrasado en
los pagos / Ser moroso.

**Be in charge of a line of
business** Dirigir una línea

de negocio.

**Be in charge of carrying
out the interviews** Ser el
encargado de llevar a cabo
las entrevistas.

Be in charge of supervising
Estar a cargo de la
supervisión de.

**Be in contact with
someone by telephone**
Estar en contacto con
alguien por teléfono.

Be in control Estar al
mando.

Be in debt Estar endeudado / Tener deudas.

**Be in disagreement with
something** No estar de
acuerdo con algo.

Be in earnest Hablar en
serio.

**Be in favour of doing
something** Estar a favor
de hacer algo.

Be in force Estar en vigor.

Be in need of something
Tener necesidad de algo.

Be in order Estar en orden.

Be in possession of Estar
en posesión de.

**Be in the habit of doing
something** Tener por
costumbre hacer algo.

Be in the majority Estar en
mayoría.

Be in the minority Estar en minoría.

Be in the office Estar en la oficina.

Be in the process of development Estar en proceso de desarrollo.

Be in the red Estar en números rojos.

Be in time to do something Llegar a tiempo de hacer algo.

Be in touch by phone Estar en contacto por teléfono.

Be in touch with Estar en contacto con alguien.

Be in use Estar en uso.

Be inclined towards an opinion Inclinarse por una opinión.

Be increasing rapidly Estar en auge.

Be indisputable Ser indiscutible.

Be informal with someone Tratar de tú a alguien.

Be intended for the domestic market Estar dirigido (un producto) al mercado nacional.

Be interested in doing something Estar interesado en hacer algo.

Be interested in something Tener interés por algo.

Be involved in Estar implicado en.

Be late for work Llegar tarde a trabajar.

Be left behind Quedarse atrás (involuntariamente).

Be left out of Quedar al margen de.

Be left with an unanswered question Quedarse con una pregunta sin contestar.

Be less than ten Ser inferior a diez.

Be logical Ser lógico.

Be lower than ten Ser inferior a diez.

Be lucky enough to Tener la suerte de.

Be methodical in one's work Ser metódico en el trabajo.

Be more than 50 years old Tener más de 50 años.

Be necessary Hacer falta.

Be negatively affected Verse afectado negativamente.

Be obvious Saltar a la vista.

Be of help Servir de ayuda.

Be of importance Tener importancia.

Be of interest to someone Ser de interés para alguien.

Be of limited use Ser de escasa utilidad.

Be of no importance to someone No importarle algo a alguien.

Be of the opinion that Ser de la opinión de que.

Be of the same opinion Ser de la misma opinión.

Be off duty No estar de servicio.

Be on Estar funcionando.

Be on bad terms Estar en malas relaciones.

Be on good terms with someone Tener buenas relaciones con alguien.

Be on holiday till Monday Estar de vacaciones hasta el lunes.

Be on sale Estar a la venta.

Be on sick leave Estar de baja por enfermedad.

Be on someone´s side Estar de parte de alguien.

Be on strike Estar en huelga.

Be on the alert Estar alerta / Estar sobre aviso.

Be on the brink of ruin Estar al borde de la ruina.

Be on the increase Ir creciendo / Ir en aumento.

Be on the left Estar a la izquierda.

Be on the market Estar algo a la venta.

Be on the payroll Estar en nómina.

Be on the permanent staff Estar en plantilla / Ser empleado fijo.

Be on the phone Estar al teléfono / Estar hablando por teléfono.

Be on the point of doing something Estar a punto de hacer algo.

Be on the right Estar a la derecha.

Be on the short-list of candidates for the job Estar en la lista de candidatos para el puesto.

Be on the staff Estar en nómina / Ser de la plantilla.

Be on time Ser puntual.

Be on trial Estar a prueba.

Be one's turn Tocarle a uno (el turno).

Be open to various interpretations Admitir varias interpretaciones.

Be opposed to something Oponerse a algo.

Be optimistic Ser optimista.

Be out of sight Estar fuera de la vista.

Be out of the office at the moment No encontrarse en la oficina en ese momento.

Be paid by the hour Ser pagado por horas.

Be part of a sales team Formar parte del equipo de ventas.

Be planning something Tener algo en proyecto.

Be pleased to inform someone of something Tener el gusto de informar a alguien de algo.

Be polite to Portarse cortésmente con.

Be preferable to Ser preferible a.

Be present at a meeting Estar presente en una reunión.

Be pressed for time Andar escasos de tiempo.

Be profitable Ser rentable (un negocio).

Be promoted Ser ascendido.

Be proportional Ser proporcional.

Be punctual Ser puntual.

Be quiet Estarse callado.

Be quite convinced Estar convencido del todo.

Be ready for something Estar preparado para algo.

Be ready to do something Estar preparado para hacer algo.

Be reasonable Ponerse en razón.

Be related to Estar relacionado con.

Be relevant Venir al caso.

Be reluctant to help Estar poco dispuesto a ayudar.

Be removed from office Ser destituido.

Be representative Ser representativo.

Be responsible for something Ser responsable de algo.

Be right Tener razón.

Be risky Ser arriesgado.

Be satisfied with Estar satisfecho con.

Be self-employed Trabajar por cuenta propia.

Be sick of something Estar harto de algo.

Be sitting at a table Estar sentado a una mesa.

Be so-so Estar regular.

Be speaking to someone Estar hablando con alguien.

Be sure of the effectiveness of the measures proposed Estar seguro de la efectividad de las medidas propuestas.

Be sure that Tener la seguridad de que.

Be that as it may Sea como

sea.

Be the decisive factor Ser el factor determinante.

Be the Managing Director Ser el Director Gerente.

Be the most competitive Ser los más competitivos.

Be the one in charge Ser el responsable.

Be the project manager Ser jefe de proyecto.

Be the right person for the job Ser la persona indicada para el puesto.

Be thinking of doing something Estar pensando en hacer algo.

Be unable to do something No poder hacer algo.

Be unable to find the right (sort of) candidate for the post No encontrar un candidato adecuado para el puesto.

Be unable to keep up (with) No dar abasto con.

Be unable to make up one's mind No acabar de decidirse.

Be unaware of something No estar al corriente de algo.

Be unaware of what is happening Estar uno ajeno a lo que ocurre.

Be under someone's orders Estar a las órdenes de alguien.

Be underpaid Estar mal pagado.

Be unemployed Estar sin empleo / Estar en paro.

Be unfamiliar with the matter No estar familiarizado con el tema.

Be unquestionable Ser indiscutible.

Be up to date on what is happening Estar al corriente de lo que ocurre.

Be useful for something Valer para algo.

Be very attentive Estar muy atento.

Be very careful with something Tener mucho cuidado con algo.

Be waiting for a call Estar a la espera de una llamada.

Be well qualified Contar con una sólida formación.

Be well-connected Tener buenas relaciones (estar relacionado).

Be well-off Tener dinero.

Be well-received Tener una acogida favorable.

Be willing to accept Estar dispuesto a aceptar.

Be within one's rights

Estar uno en su derecho.
Be within the bounds of possibility Estar dentro de lo posible.
Be working hard Estar trabajando duro.
Be worried about Estar preocupado por.
Be worth a fortune Valer una fortuna.
Be worth doing something Valer la pena hacer algo.
Be worthwhile Merecer la pena.
Be worthy of mention Ser digno de mención.
Be wrong Estar equivocado / No tener razón.
Bear in mind Tener en cuenta / Tener presente.
Bear in mind that competitors have an advantage over us Tener en cuenta que los competidores nos llevan ventaja.
Bear no relation whatsoever to No guardar ninguna relación con.
Beat a record Batir un récord.
Beat about the bush Andarse por las ramas.
Because of Por causa de.
Because of which Por lo cual.

Become apparent Ponerse de manifiesto.
Become evident Ponerse de manifiesto.
Become fashionable Ponerse de moda.
Before going more deeply into the issue Antes de profundizar más en el tema.
Before going on to talk about Antes de pasar a hablar sobre.
Before long Dentro de poco.
Before you go on Antes de que usted prosiga.
Beforehand De antemano.
Begin a business relationship Iniciar relaciones comerciales.
Begin at the beginning Comenzar por el principio.
Begin by doing something Comenzar por hacer algo.
Begin negotiations Dar comienzo a las negociaciones.
Begin the meeting as soon as possible Empezar la reunión cuanto antes.
Begin to do something Empezar a hacer algo.
Begin today's meeting Comenzar la reunión de hoy.

Begin with an analysis of the advertising campaign Comenzar con un análisis de la campaña de publicidad.

Begin with something Empezar por algo.

Behind closed doors A puerta cerrada.

Being only a rough estimate Siendo sólo una aproximación.

Belong to someone Pertenecer a alguien.

Below A continuación (en un escrito).

Below average Por debajo del término medio.

Benefit from Sacar ventaja de.

Benefit from a range of financial sources Beneficiarse de una serie de fuentes de financiación.

Benefit from something Sacar provecho de algo.

Benefit mortgage holders Beneficiar a los clientes con hipoteca.

Besides that Además de eso.

Best regards Un cordial saludo.

Better and better Cada vez mejor.

Better one's position Subir de categoría.

Better than nothing Mejor que nada.

Between three and four hours Entre tres y cuatro horas.

Beyond all doubt Fuera de toda duda.

Beyond compare Sin comparación.

Big business Grandes negocios.

Bilingual secretary Secretaria bilingüe.

Bill of lading Conocimiento de embarque.

Bill the customers for the stated amount Facturar el citado importe a los clientes.

Bit by bit Por partes.

Blame oneself Echarse uno la culpa.

Blame someone for something Culpar a alguien de algo.

Blue-collar worker Trabajador de una fábrica.

Board of directors Junta directiva.

Book a flight Reservar un vuelo.

Book a room at a hotel Reservar habitación en un

hotel.

Book a table in a restaurant
Reservar una mesa en un restaurante.

Booking number Número de reserva.

Boom in the computer games market Auge del mercado de los juegos de ordenador.

Boost the training program Reforzar el programa de entrenamiento.

Borrow money from someone Pedir prestado dinero a alguien.

Borrow something from someone Pedir algo prestado a alguien.

Both dates included Ambas fechas comprendidas.

Both days included Ambos días inclusive.

Both have agreed to increase cooperation Ambos han acordado estrechar la cooperación.

Bother someone Molestar a alguien.

Bottom left Parte inferior izquierda.

Bottom left-hand corner Parte inferior izquierda.

Bottom right Parte inferior derecha.

Bottom right-hand corner Parte inferior derecha.

Branch manager Director de sucursal.

Brand value Valor de marca.

Break a record Batir un récord.

Break off relations Romper las relaciones.

Break one's journey Interrumpir el viaje.

Break one's word No cumplir la palabra dada.

Break the news Dar la noticia.

Briefly summarize Resumir brevemente.

Bring oneself up to date Ponerse al corriente.

Bring out the file Sacar el expediente.

Bring someone up to date about something Poner al corriente de algo a alguien.

Bring something out Sacar algo a relucir.

Bring something to a close Poner término a algo.

Bring something to an end Terminar algo.

Bring something up Sacar algo a colación.

Bring up a question

Plantear un problema.

Bring up a subject Sacar un asunto a colación.

Bring up a topic of conversation Sacar un tema de conversación.

Bring up to date Poner al corriente.

Brochure Folleto informativo.

Budget cuts Recortes presupuestarios.

Build up strength Tomar fuerzas.

Burst into a place Irrumpir en un lugar.

Business address Sede social.

Business card Tarjeta de negocio.

Business circles Medios empresariales.

Business cycle Ciclo comercial.

Business Development Manager Jefe de Desarrollo de Negocio.

Business establishment Establecimiento comercial.

Business ethics Etica empresarial.

Business growth Crecimiento del negocio.

Business hours Horario de oficina.

Business lunch Comida de negocios.

Business meeting Reunión de negocios.

Business name Nombre comercial.

Business opportunity Oportunidad comercial.

Business partner Socio.

Business policy Política comercial.

Business premises Local comercial.

Business profitability Rentabilidad de un negocio.

Business reply envelope Sobre con franqueo concertado.

Business school Escuela de negocios.

Business trip Viaje de negocios.

Businessman Hombre de negocios.

Businesswoman Mujer de negocios.

Busy hours Horas punta.

Busy oneself with something Ocuparse en algo.

Busy signal Señal de comunicando.

Buy in bulk Comprar al por mayor.

Buy on approval Comprar a prueba.

Buy on credit Comprar a plazos.
Buy retail Comprar al por menor.
Buy wholesale Comprar al por mayor.
Buyer Director de Compras.
By accident Por casualidad.
By air mail Por correo aéreo.
By chance Por casualidad.
By common consent De común acuerdo.
By election Por elección.
By e-mail Por e-mail.
By letter Por carta.
By mail Por correo.
By means of Por medio de.
By mistake Por equivocación.
By mutual agreement De mutuo acuerdo.
By no means En modo alguno.
By registered mail Por correo certificado.
By return of post A vuelta de correo.
By some means or other De una manera u otra.
By special delivery mail Por correo urgente.
By the hour Por horas.
By the hundred Por cientos.

By the way A propósito (de paso) / Por cierto.
By then Para entonces.
By this means Por este medio.
By underground En metro.
By whatever means Por cualquier medio.
By word of mouth De palabra.

C

Calculate 10% Calcular un 10%.
Calculate the costs of restructuring Calcular los gastos de reestructuración.
Calculate unit costs Calcular los costes por unidad.
Calculated risk Riesgo premeditado.
Call a meeting Convocar una reunión.
Call a taxi Llamar a un taxi.
Call about the job advertised Llamar por el anuncio de trabajo.
Call after work Llamar después del trabajo.

Call as soon as possible Llamar lo antes posible.

Call back Llamar otra vez.

Call back later Llamar más tarde.

Call everyone together Convocar a toda la gente.

Call from (somewhere) Llamar desde (un sitio).

Call into doubt Poner en duda.

Call into question Poner en duda.

Call my direct line Llame usted a mi número directo.

Call off a meeting Cancelar una reunión.

Call off the strike Desconvocar la huelga.

Call on behalf of someone Llamar de parte de alguien.

Call someone back Mandar volver a alguien.

Call someone back (by phone) Devolver la llamada a alguien.

Call someone by name Llamar a alguien por su nombre.

Call someone down Llamar a alguien para que baje.

Call someone in Hacer entrar a alguien / Mandar pasar a alguien.

Call someone into the office Mandar pasar a alguien al despacho.

Call someone on his / her mobile Llamar a alguien al móvil.

Call someone out Llamar a alguien para que salga.

Call someone up Llamar a alguien para que suba.

Call the direct line Llamar al número directo.

Call the following telephone numbers Llamar a los siguientes números de teléfono.

Call the lift Llamar al ascensor.

Call the switchboard Llamar a la centralita.

Call the wrong number Equivocarse de teléfono.

Call to ask for something Llamar para pedir algo.

Call to enquire Llamar para preguntar.

Call to order Llamar al orden.

Call to say that the flight has been delayed Llamar para avisar que se ha retrasado el vuelo.

Call tomorrow Llamar mañana.

Can I get him to call you back? Le digo que le llame

a usted?

Cancel a hotel booking Cancelar la reserva de un hotel.

Cancel a meeting Cancelar una reunión.

Cancel an order Cancelar un pedido.

Cancel Tuesday's meeting Cancelar la reunión del martes.

Capital investment Inversión de capital.

Care about something Importarle algo a alguien.

Care little for something Importarle poco a alguien.

Carried forward Suma y sigue.

Carry on a conversation Llevar una conversación.

Carry out a cost-cutting program Llevar a cabo un programa de reducción de costes.

Carry out a plan Llevar a cabo un plan.

Carry out a project Ejecutar un proyecto.

Carry out a stocktaking Llevar a cabo el inventario de las existencias.

Carry out a survey Hacer una encuesta / Llevar a cabo una encuesta.

Carry out someone's orders Cumplir las órdenes de alguien.

Carry something about Llevar algo consigo.

Carry something out successfully Llevar a buen término.

Carry something somewhere Llevar algo a algún sitio.

Cash a cheque Cobrar un cheque.

Cash on delivery (COD) Envío contra reembolso.

Cash order Pedido al contado.

Cash payment Pago al contado.

Cash price Precio al contado.

Cash sale Venta al contado.

Cash the cheque Realizar el cobro del talón.

Cash up Hacer caja.

Casual worker Trabajador eventual.

Catch the first flight to Tomar el primer vuelo que sale para.

Catch the last train Tomar el último tren.

Cause trouble Causar molestias.

Cellular (phone) Teléfono

móvil.

Chair a meeting Presidir una reunión.

Chair a negotiation Dirigir una negociación.

Chairman of the Board Presidente del Consejo de Administración.

Challenge someone to do something Retar a alguien a hacer algo.

Change on to another subject Pasar a otro tema.

Change one thing for another Cambiar una cosa por otra.

Change one's mind Cambiar de opinión.

Change something into something else Transformarse una cosa en otra.

Change strategy Cambiar de estrategia.

Change supplier Cambiar de proveedor.

Change the structure of the international division Cambiar la estructura de la división internacional.

Charge 10% commission Cobrar una comisión del 10%.

Charge it to expenses Ponerlo en la nota de los gastos.

Check in at a hotel Registrarse en un hotel.

Check out Irse de un hotel (después de pagar).

Cheque book Talonario de cheques.

Choose a risky strategy Elegir una estrategia arriesgada.

Choose something Seleccionar algo.

Circumstances beyond my control Circunstancias ajenas a mi voluntad.

Civil servant Funcionario público.

Claim something Reclamar algo.

Classified advertisements Anuncios por palabras.

Clean the board Borrar la pizarra.

Clear one's throat Aclararse la garganta.

Clear up doubts regarding Clarificar dudas sobre.

Clearance sale Liquidación de existencias.

Clearly shows the great imbalance that exists between Muestra claramente el desequilibrio existente entre.

Clever at doing something

Listo (inteligente) para hacer algo.

Client portfolio Cartera de clientes.

Clock in and out Fichar al entrar y al salir.

Close a deal Cerrar un trato.

Close a sale Cerrar una venta.

Close down a factory Cerrar una fábrica.

Close for holidays Cerrar por vacaciones.

Close the meeting with a summary of the situation Terminar la reunión con un resumen de la situación.

Closed in August for holidays Cerrado en agosto por vacaciones.

Closing date for applications Fecha tope para las solicitudes.

Collaborate with someone in doing something Cooperar con alguien para hacer algo.

Collect one's baggage Recoger el equipaje.

Collective agreement Convenio colectivo.

College education Estudios universitarios.

Come as an observer Venir en calidad de observador.

Come back in a year Volver al cabo de un año.

Come down in price Bajar de precio.

Come into fashion Ponerse de moda.

Come into force Entrar en vigor.

Come on to the market Salir al mercado (un producto).

Come out better off Salir ganando (en un negocio).

Come to a close Tocar a su fin.

Come to a hasty conclusion Llegar a una conclusión apresurada.

Come to an agreement about something Llegar a un acuerdo sobre algo.

Come to an agreement on something Ponerse de acuerdo sobre algo.

Come to an agreement with someone about something Ponerse de acuerdo con alguien sobre algo.

Come to nothing Quedar en nada (un asunto).

Come to the conclusion that Sacar en conclusión que.

Come to the point Ir al

grano.

Come to the same thing
Venir a ser lo mismo.

Come up for discussion
Someterse a discusión.

Comment on Hacer
observaciones sobre.

Comment on something
Comentar algo / Hacer
comentarios sobre algo.

Commercial agent Agente
comercial.

Commercial invoice
Factura comercial.

Commercial practice
Práctica comercial.

Commercial traveller
Viajante de comercio.

**Commission a study on
company profitability**
Encargar un estudio sobre
la rentabilidad de la
empresa.

**Commission someone to
do something** Encargar a
alguien que haga algo.

**Commission the services
of a consulting company**
Contratar los servicios de
una consultora.

**Commit oneself to doing
something** Comprome-
terse a hacer algo.

Committee member
Miembro del comité.

Common denominator
Denominador común.

Company executive
Directivo de una empresa.

Company expansion
Expansión de la empresa.

Company logo Logotipo de
una empresa.

Company privatization
Privatización de la
empresa.

Company structure
Estructura de la compañía.

Comparative advantage
Ventaja comparativa.

Comparative advertising
Publicidad comparativa.

**Comparative figures year
on year** Cifras compa-
rativas de un año a otro.

**Compare one thing with
another** Comparar una
cosa con otra.

**Compare something over
the same period the
previous year** Comparar
algo con el mismo periodo
del año anterior.

**Compensate for the
reduction in prices** Compensar la reducción de
precios.

Compete against someone
Competir con alguien.

Compete on equal terms

with Competir en igualdad con.

Competition from countries in the Far East La competencia de los países de Extremo Oriente.

Competitors' weak points Puntos débiles de los competidores.

Compile financial results Recopilar los resultados financieros.

Complain to someone about something Quejarse a alguien de algo.

Complete a form Rellenar un formulario.

Complete set Juego completo.

Concentrate on (doing) something Concentrarse en (hacer) algo.

Concentrate on the main issue of the meeting Centrarse en el punto principal de la reunión.

Concerning that En cuanto a eso.

Concerning this Referente a esto.

Conditions of sale Condiciones de venta.

Conference room Sala de conferencias.

Confine oneself to doing

something Limitarse a hacer algo.

Confirm a flight reservation Confirmar la reserva de un vuelo.

Confirm a hotel reservation Confirmar una reserva de un hotel.

Confirm attendance at a meeting Confirmar la asistencia a una reunión.

Confirm the date of the meeting Confirmar la fecha de la reunión.

Confirm the flight time to Miami Confirmar la duración del vuelo a Miami.

Confirm the time of the flight to Boston Confirmar la hora del vuelo a Boston.

Congratulate someone on something Felicitar a alguien por algo.

Connect with Conectar con.

Consequently Por consiguiente.

Consider advertising as an investment Considerar la publicidad como inversión.

Consider more resources (to be) necessary Creer necesario contar con más medios.

Consider the discussion over Dar por terminada

una discusión.

Consider the meeting over
Dar por concluida la reunión.

Consist in Consistir en.

Consist of Constar de.

Consolidate our position as a supplier of
Consolidar nuestra posición como proveedor de.

Consult with someone
Consultar con alguien.

Consumer price index
Indice de precios al consumo.

Contact a company Tomar contacto con una empresa.

Contact someone by phone
Ponerse en contacto con alguien por teléfono.

Continue doing something
Continuar haciendo algo.

Continue something
Continuar algo.

Continue with the same old strategies Seguir con las estrategias de siempre.

Contract renewal Renovación de un contrato.

Contrary to what they say
Al revés de lo que dicen.

Cordless phone Teléfono inalámbrico.

Corner the market
Acaparar el mercado.

Corporate image Imagen corporativa.

Corporate strategy
Estrategia de la compañía.

Correct results thanks to a later study Corregir resultados gracias a un estudio posterior.

Cost evaluation Evaluación de costes.

Cost of living adjustment
Ajustes por inflación.

Cost of living index Indice del coste de la vida.

Cost price Precio de coste.

Costs of sales Costes de comercialización.

Could I leave him a message? Puedo dejarle un recado?

Could I take your name and address? Puede decirme su nombre y dirección?

Could you ask him to call me? Puede decirle que me llame?

Could you let me have the address? Puede decirme la dirección?

Could you pass me back to him? Puede ponerme de nuevo con el?

Could you repeat the fax number? Puede repetirme el número de fax?

Could you ring me back tomorrow? Puede usted llamarme mañana?

Could you say the phone number again? Me puede repetir el número de teléfono?

Could you spell it for me? Puede deletreármelo?

Could you tell me where you're ringing from? Puede decirme de dónde llama?

Count on someone Contar con alguien.

Countless times Incontables veces.

Create a customer-led mode of operations Crear un modelo operativo centrado en el cliente.

Create jobs Crear puestos de trabajo.

Creditors and suppliers Los acreedores y los proveedores.

Cross a name off a list Tachar un nombre de una lista.

Crystal-clear Más claro que el agua.

Current price Precio actual.

Customer opinion La opinión del cliente.

Customer profile Perfil del cliente.

Customer relations Relaciones con los clientes.

Customer satisfaction Satisfacción del cliente.

Customer service Servicio de atención al cliente.

Customers are our top priority El cliente es nuestra mayor prioridad.

Customs charges Gastos de aduana.

Customs officer Oficial de aduana.

Cut down on expenses Reducir gastos.

Cut jobs Eliminar puestos de trabajo.

Cut out expenses Suprimir gastos.

Cut price Precio reducido.

Cut someone short Interrumpir a alguien.

Cut the speech short Acortar el discurso.

D

Damaged goods Mercancía dañada.

Dangerous goods

Mercancías peligrosas.

Dare to say that
Aventurarse a decir que.

Data extrapolation
Extrapolación de datos.

Data management Gestión de datos.

Data protection Protección de datos.

Date a letter Fechar una carta.

Date back a long time
Venir de muy atrás (problemas).

Day off Día libre.

Day shift Turno de día.

Deal in something
Comerciar con algo.

Deal with a subject Tratar de un asunto.

Deal with the next issue
Tratar el siguiente tema.

Deal with the problem
Tratar el problema.

Dear Sir Muy Sr. mío.

Dear Sirs Estimados Sres

Dear Sirs Muy Sres. míos.

Decide an issue by a show of hands Resolver un tema votando a mano alzada.

Decide on something
Decidirse por algo.

Decide to do something
Decidir hacer algo.

Decide what to do about the layoffs Decidir qué hacer con los despidos.

Decide when to launch a product Decidir cuándo lanzar un producto.

Decide where the new factory should be located
Decidir dónde se debe ubicar la nueva fábrica.

Decide who to name as Purchasing Manager
Decidir a quién nombrar Jefe de Compras.

Declare oneself in favour of someone Pronunciarse a favor de alguien.

Decline an invitation
Rehusar una invitación.

Decrease from 14% to 10% in less than a year
Descender del 14% al 10% en menos de un año.

Decrease productivity
Disminuir la productividad.

Dedicated to Dedicado a.

Deeply involved in a matter
Muy metido en el asunto.

Defective goods Mercancía defectuosa.

Delay in delivery Retraso en la entrega.

Delay payment Retrasar un pago.

Deliberate on a matter

Deliberar sobre un asunto.

Deliver the goods Entregar la mercancía.

Delivery date Fecha de entrega.

Delivery note Albarán de entrega.

Delivery order Orden de entrega.

Delivery time Plazo de entrega.

Delivery van Furgoneta de reparto.

Demand a pay rise Exigir un aumento de sueldo.

Demand something from someone Exigir algo a alguien.

Deny doing something Negar haber hecho algo.

Department Manager Jefe de Departamento.

Department of Foreign Trade Departamento de Comercio Exterior.

Departmental reorganization Reorganización de un departamento.

Depend largely on Depender principalmente de.

Depend on Depender de.

Depending on how Según y cómo.

Depending on the circumstances Según las circunstancias.

Depreciate machinery over 5 years Amortizar los equipos en un periodo de 5 años.

Describe something to someone Describir algo a alguien.

Design a strategic plan Diseñar un plan estratégico.

Design a webpage Diseñar una página web.

Desk Mesa de despacho.

Desk with papers all over it Escritorio lleno de papeles.

Determine the objectives to be reached Determinar los objetivos a alcanzar.

Develop a plan Elaborar un plan.

Development plan Plan de desarrollo.

Devoid of meaning Desprovisto de significado.

Devote all one's time to work Dedicar todo el tiempo al trabajo.

Dial a number Marcar un número (teléfono).

Dial an extension Marcar una extensión.

Dial the right number Marcar el número correcto.

Dial the wrong number

Marcar el número
equivocado.

**Dictate a letter to a
secretary** Dictar una carta
a una secretaria.

**Did the ad come out in
yesterday's paper?** Salió
el anuncio en el periódico
de ayer?

Did you have a good trip?
Ha tenido un buen viaje?

Differ from Diferir de.

Differ in many ways Diferir
en muchos aspectos.

**Differ with someone on a
point** No estar de acuerdo
con alguien en un punto.

Direct line Teléfono directo.

Direct selling Venta directa.

Disability pension Pensión
de invalidez.

Disagree with Estar en
desacuerdo con.

Disapprove of something
Desaprobar algo.

Discount for cash payment
Descuento por pago al
contado.

**Discount for wholesale
purchases** Descuento por
compras al por mayor.

**Discounts are shown in the
catalogue** Nuestros
descuentos se indican en el
catálogo.

Discuss a matter Discutir
un asunto.

**Discuss the question of the
advertising expenditure**
Discutir el asunto de los
gastos en publicidad.

Dismiss someone Despedir
a alguien (de un empleo).

**Dismiss someone without
notice** Despedir a alguien
sin previo aviso.

Dismissed for being late
Despedido por llegar tarde.

Dispatch the goods
Expedir la mercancía.

Dispel someone's doubts
Sacar a uno de dudas.

Displeased with
Descontento con.

Distribute a product
Distribuir un producto.

**Distribute advertising
leaflets** Repartir folletos
publicitarios.

Distribution channels
Canales de distribución.

Distribution costs Costes
de distribución.

Distribution of tasks
Reparto de tareas.

Distrust someone Des-
confiar de alguien (no
fiarse).

Diversify the product range
Diversificar la oferta de

productos.

Divide something among three people Dividir algo entre tres personas.

Divide something between two people Dividir algo entre dos personas.

Divide something into two parts Dividir algo en dos partes.

Division Manager Jefe de División.

Division of labour Reparto del trabajo.

Division of tasks División de tareas.

Do a good job Hacer un buen trabajo.

Do a job Hacer un trabajo.

Do business Hacer negocios.

Do business with someone Negociar con alguien.

Do justice Hacer justicia.

Do nothing No hacer nada.

Do one's best Hacer todo lo posible / Poner uno todo de su parte.

Do one's bit Poner de su parte.

Do one's duty Cumplir uno con su deber.

Do someone a bad turn Hacerle a alguien una mala jugada.

Do someone a favour Hacerle a alguien un favor.

Do something again Volver a hacer algo.

Do something at the same time Hacer algo al mismo tiempo.

Do something by oneself Hacer algo solo.

Do something differently from Hacer algo de distinta manera que.

Do something for money Hacer algo por dinero.

Do something from necessity Hacer algo por necesidad.

Do something in a big way Hacer algo a lo grande.

Do something in the same way as Hacer algo de igual manera que.

Do something on purpose Hacer algo a propósito.

Do something over again Repetir algo.

Do something quickly Hacer algo deprisa.

Do something slowly Hacer algo despacio.

Do something to someone Hacer algo a alguien.

Do well in business Prosperar en los negocios.

Do without something

Prescindir de algo.

Do you have a fax? Tienen ustedes fax?

Do you have an appointment? Está usted citado?

Do you have an appointment? Tiene usted cita?

Do you have any questions to ask? Tienen ustedes alguna pregunta que hacer?

Do you have e-mail? Tiene usted e-mail?

Do you have you any suggestions? Tiene usted alguna sugerencia?

Does your phone have voice mail? Tiene su teléfono buzón de voz?

Domestic flight Vuelo doméstico.

Domestic market Mercado nacional.

Don't hesitate to call me No dude en llamarme.

Don't let's be fooled No nos dejemos engañar.

Don't mention it No hay de qué.

Doubt someone's word Dudar de la palabra de alguien.

Doubt the feasibility of a project Dudar de si un

proyecto es factible.

Down payment Pago inicial.

Down to the bottom Hasta abajo.

Downward trend Tendencia a la baja.

Draft a contract Redactar un contrato.

Draw a conclusion Sacar una conclusión.

Draw down the blinds Bajar las persianas.

Draw the conclusion that Sacar la conclusión de que.

Draw up a chair Acercar una silla.

Draw up a chart Dibujar un esquema.

Draw up a contract Redactar un contrato.

Draw up a diagram Hacer un diagrama.

Draw up a marketing plan Diseñar un plan de marketing.

Draw up a table showing the results Preparar una tabla con los resultados.

Drop a hint Lanzar una indirecta.

Drop in sales Caída de las ventas.

Drop slightly (a ratio) Descender ligeramente (un índice).

Due to a production delay Debido a un retraso en la producción.

Due to a shortage of raw materials Debido a la escasez de materias primas.

Due to high labour costs Debido a los elevados costes de obra de mano.

Due to the absence of competitors Debido a la ausencia de competidores.

Due to the heavy demand for Debido a la fuerte demanda de.

During a break Durante una pausa.

During a pause Durante una pausa.

During the weekend Durante el fin de semana.

E

Each and every one Todos y cada uno.

Each row in the table shows the yearly figures Cada fila en la tabla muestra las cifras anuales.

Each shaded column represents Cada columna sombreada representa.

Early in the morning Temprano por la mañana.

Early retirement Jubilación anticipada.

Early the next morning Temprano a la mañana siguiente.

Early this afternoon Esta tarde a primera hora.

Early tomorrow morning Mañana por la mañana temprano.

Earn a fortune Ganar una fortuna.

Earn a monthly wage Cobrar un sueldo mensual.

Earn a salary Ganar un sueldo.

Earn money Ganar dinero (trabajando).

Earn one's living Ganarse la vida.

Easy payment terms Facilidades de pago.

Easy-to-sell product Producto fácilmente vendible.

Eat between meals Comer entre horas.

Eat standing up Comer de pie.

Economic growth in

developing countries
Crecimiento económico de los países en vías de desarrollo.

Economic policy Política económica.

Economic situation Situación económica.

Economic year Ejercicio económico.

Efficient tool to expand sales Herramienta eficaz para aumentar las ventas.

Eight times out of ten Ocho veces de cada diez.

E-mail address Dirección de correo electrónico.

Emphasize something Poner algo de relieve.

Emphasize the following Recalcar lo siguiente.

Employ someone part-time Contratar a alguien a tiempo parcial.

Employ someone to carry out a task Emplear a alguien para que haga una tarea.

Employee of the year Empleado del año.

Employment office Oficina de empleo.

Employment possibilities Posibilidades laborales.

Enclose a copy Adjuntar una copia.

End a meeting ahead of schedule Terminar la reunión antes de lo previsto.

End consumer Consumidor final.

End product Producto final.

End up by saying Terminar por decir.

End up in Ir a parar en.

Endless Sin fin.

Engaged tone Señal de comunicando.

English spoken Se habla inglés.

Enjoy a market-leadership position Gozar de una situación de liderazgo en el mercado.

Enjoy one's holidays Disfrutar de las vacaciones.

Enjoy Spanish food Gustarle a uno la comida española.

Enough wrapping Embalaje suficiente.

Errors and omissions excepted Salvo error u omisión.

Establish trading relations Establecer relaciones comerciales.

Estimate the expense as being 600 euros Calcular

el gasto en 600 euros.
Evade taxes Evadir impuestos.
Evaluate success or failure Evaluar el éxito o el fracaso.
Even better Mejor aún.
Even faster Aun más rápidamente.
Even though Si bien.
Every day Todos los días.
Every one of them Todos sin excepción.
Every other day En días alternos.
Every other week Una semana sí y otra no.
Everyone joined in Todos participaron.
Everything else Todo lo demás.
Everything included Todo incluido.
Everything is going wrong Todo sale mal.
Everything is turning out badly Todo sale mal.
Everything you do Todo lo que haces.
Everywhere in the world En todas partes del mundo.
Exceedingly Sobre manera.
Except for a few mistakes Salvando ciertos errores.
Excepting errors or

omissions Salvo error u omisión.
Exchange of opinions Intercambio de opiniones.
Exclusive product Producto exclusivo.
Excuse my interrupting Perdón por interrumpir.
Exhibition hall Salón de exposiciones.
Expand the business Ampliar el negocio.
Expand the market Expandir el mercado.
Expanding company Empresa en expansión.
Expect a call Esperar una llamada.
Expect a letter Esperar una carta.
Expect a long wait Tener para largo (esperar mucho).
Expect someone to do something Esperar que alguien haga algo.
Expedited delivery service Servicio de entrega urgente.
Expiry date Fecha de vencimiento de una factura.
Explain briefly Explicar a grandes rasgos.
Explain some-thing in detail Explicar algo detalladamente.

Explain something to someone Explicar algo a alguien.

Explain the reason for something Explicar el porqué de algo.

Explain to someone how to do something Explicar a alguien cómo hacer algo.

Export charges Gastos de exportación.

Export company Empresa exportadora.

Export license Licencia de exportación.

Export products Exportar productos.

Exports Volumen de exportación.

Extend the distribution network Ampliar la red de distribución.

Extra pay Paga extra.

Extraordinary meeting Reunión extraordinaria.

Extrapolate data Extrapolar datos.

F

Face a challenge Enfrentarse a un reto.

Face a difficult financial situation Enfrentarse a una compleja situación financiera.

Face down Boca abajo.

Face the challenges of the future Afrontar los retos del futuro.

Face the consequences Dar la cara.

Face up Boca arriba.

Face up to a situation Afrontar una situación.

Face up to the consequences Afrontar las consecuencias.

Factors such as Factores como.

Factory Manager Director de fábrica.

Fail in an attempt Fracasar en un intento.

Fail in business Fracasar en los negocios.

Fail to do something No llegar a hacer algo.

Failure of the strategy
Fracaso de la estrategia.

Fair price Precio justo.

Faithful to Fiel a.

Fall (the gross margin)
Descender (el beneficio bruto).

Fall in price Bajar de precio.

Fall short of the aim No conseguir el propósito.

Familiar with something
Familiarizado con algo.

Family business Empresa familiar.

Far better Mucho mejor.

Far in advance Con mucha anticipación.

Far into the night Hasta altas horas de la noche.

Faster and faster Más y más rápido.

Fear the worst Temer lo peor.

Feasibility analysis Análisis de viabilidad.

Fetch something Ir a buscar algo.

Figure it out Hacer la cuenta.

Fill a vacancy Cubrir una vacante.

Fill out an application form
Rellenar una solicitud de trabajo.

Finance Department
Departamento Financiero.

Financial condition Estado financiero (de empresa).

Financial costs Costes financieros.

Financial management
Dirección financiera.

Financial Manager Director Financiero.

Find a job as a sales representative Encontrar trabajo como delegado de ventas.

Find a market for a product
Encontrar una salida para un producto.

Find a permanent job
Encontrar un empleo fijo.

Find a solution Encontrar una solución.

Find fault with something
Poner faltas a algo.

Find out about something
Enterarse de algo.

Find potential customers
Encontrar clientes potenciales.

Find something out
Averiguar algo.

Find the phone number
Encontrar el número de teléfono.

Find work in less than two months Encontrar trabajo en menos de dos meses.

Finish (off) one's work
Terminar el trabajo.

Finish by saying that
Terminar diciendo que.

Finish doing something
Terminar de hacer algo.

Finish something Terminar algo.

Finish up with a review of profits Concluir con un repaso de los beneficios obtenidos.

Finish with a reminder
Terminar con un recordatorio.

Finish with something
Terminar con algo.

Finish with the matter quickly Terminar rápidamente con el tema.

Finished product Producto terminado.

Firm order Pedido en firme.

First and foremost, we should stress that Ante todo debemos subrayar que.

First thing in the morning
A primera hora de la mañana.

First-class De primer orden.

First-hand information
Información de primera mano.

First-rate De primer orden.

Five out of twenty Cinco de cada veinte.

Fix a date Fijar una fecha.

Fix one's attention on something Fijar la atención en algo.

Fixed costs Gastos fijos.

Fixed price Precio fijo.

Flammable liquids Líquidos inflamables.

Flight of capital Fuga de capital.

Flooded by water Inundado de agua.

Fly to New York Ir en avión a Nueva York.

Fold something in half
Doblar algo por la mitad.

Follow someone's example
Seguir el ejemplo de alguien.

Followed by something
Seguido de algo.

For a long time Durante mucho tiempo.

For a moment Por un momento.

For a short time Por poco tiempo.

For fear of losing one's job
Por temor a perder el empleo.

For further details Para más detalles.

For further information,

please call Para más información, llame usted.

For greater exactness Para mayor exactitud.

For hours and hours Durante horas y horas.

For instance Por ejemplo.

For lack of Por falta de.

For less money Por menos dinero.

For more than a year Durante más de un año.

For my part Por mi parte.

For no reason at all Sin razón alguna.

For not having done it Por no haberlo hecho.

For now Por ahora.

For one reason or another Por una razón o por otra.

For over an hour Por más de una hora.

For reasons beyond our control Por causas ajenas a nuestra voluntad.

For safety's sake Por razones de seguridad.

For sale En venta.

For short Para abreviar.

For some time afterwards Durante algún tiempo después.

For that reason Por esa razón.

For the attention of Mr X

A la atención del Sr. X.

For the benefit of En beneficio de.

For the first time in three years Por primera vez en tres años.

For the last time Por última vez.

For the moment Por el momento / Por lo pronto.

For the next campaign Para la próxima campaña.

For the past three weeks Durante las últimas tres semanas.

For the purpose of Con el propósito de.

For the same reason Por la misma razón.

For the simple reason that Por la simple razón de que.

For the tenth time Por décima vez.

For the time being De momento / Por lo pronto.

For this once only Por esta sola vez.

For this purpose Para este propósito.

For this reason Por esta razón.

For want of Por fálta de.

For which reason Por lo cual.

Forbid something Prohibir

algo.

Force someone to do something Obligar a alguien a hacer algo.

Forecast the business cycles Prever los ciclos de negocio.

Foreign company Empresa extranjera.

Foreign investors Inversores extranjeros.

Foreign market conditions Las condiciones que se dan el mercado exterior.

Foreign Trade Manager Director de Comercio Exterior.

Forestall criticism Salir al paso de las críticas.

Forget about something Olvidarse de algo.

Forget something somewhere Olvidar algo en algún sitio.

Forget to do something Olvidarse de hacer algo.

Form a work team Formar un equipo de trabajo.

Formed by Formado por.

Free competition Libre competencia.

Free copy Ejemplar gratuito.

Free enterprise Libre empresa.

Free from care Libre de preocupación.

Free market economy Economía de libre mercado.

Free of charge Libre de gastos.

Free of suspicion Libre de toda sospecha.

Free postage A portes pagados.

Free sample Muestra gratis.

Free to travel Disponibilidad total para viajar.

Free trade area Zona de libre cambio.

Freelance worker Trabajador autónomo.

Freight charges Gastos de flete.

From a purely economic standpoint Desde un punto de vista puramente económico.

From behind Por detrás.

From far and wide De todas partes.

From first to last Desde el primero al último.

From now on De ahora en adelante.

From one place to another De un lugar a otro.

From one's own experience Por experiencia propia.

From one's point of view

Desde el punto de vista de uno.

From outside Desde fuera.

From side to side De lado a lado.

From that point of view Desde ese punto de vista.

From that time on Desde ese momento.

From the beginning to the end Desde el principio hasta el fin.

From the organization chart you can see that En el organigrama se ve que.

From the other end Desde el otro extremo.

From the outside Desde fuera.

From then till now Desde aquel momento hasta ahora.

From this day onwards De hoy en adelante.

From time to time De vez en cuando.

From today Desde hoy.

From what I know Según mis conocimientos.

From what I see Por lo que veo.

From what I understand Por lo que tengo entendido.

From what it seems Por lo que parece.

From what they say Por lo que se dice.

From what you tell me Por lo que me dice.

From your usual supplier De su proveedor habitual.

Full information is available from our catalogue La información completa está disponible en nuestro catálogo.

Full stop, new paragraph Punto y aparte.

Full time Jornada completa.

Further back Más atrás.

Further backwards Más hacia atrás.

Further down Más abajo.

Further forward Más adelante.

Further to the left Más hacia la izquierda.

Further to the right Más hacia la derecha.

Further up Más arriba.

Furthermore Además de eso.

G

Gain experience Adquirir experiencia.

Gain time Ganar tiempo.

Galloping inflation Inflación galopante.

Gather a representative sample of opinions Recopilar una muestra representativa de opiniones.

General meeting Junta general.

General statistics (which are) available to the public Estadísticas generales disponibles al público.

Generally speaking En términos generales.

Generate forecast returns Generar el retorno previsto.

Gentleman's agreement Pacto entre caballeros.

Geometric progression Progresión geométrica.

Get a contract Conseguir un contrato.

Get a good job Conseguir un buen trabajo.

Get a good result from Obtener un buen resultado de.

Get a job through contacts Conseguir un trabajo por recomendación.

Get a prize Obtener un premio.

Get a response Obtener respuesta.

Get a sum wrong Equivocarse en un calculo.

Get along well with someone Llevarse bien con alguien.

Get an idea of something Hacerse una idea de algo.

Get angry about something Molestarse por algo (ofenderse).

Get back from a trip Regresar de un viaje.

Get back in touch Volver a ponerse en contacto.

Get better results than expected Obtener resultados por encima de lo esperado.

Get control of the company Conseguir el control de la empresa.

Get down to doing something Ponerse a hacer algo.

Get down to work Ponerse a trabajar.

Get hold of someone Localizar a alguien.

Get in the way Ponerse en medio.

Get in touch with someone by phone Ponerse en contacto con alguien por teléfono.

Get information about something Informarse sobre algo.

Get into arrears Atrasarse en los pagos.

Get into debt Meterse en deudas.

Get into difficulties Meterse en dificultades.

Get off the subject Desviarse del tema.

Get out of a commitment Librarse de un compromiso.

Get out of doing something Librarse de hacer algo.

Get out of the way Quitarse de en medio.

Get out of trouble Salir del paso.

Get paid Cobrar el sueldo.

Get ready to do something Prepararse para hacer algo.

Get rid of Librarse de.

Get someone to do something Hacer que alguien haga algo.

Get something ready Preparar algo.

Get straight to the point No andarse con rodeos.

Get the merchandise ready for return Preparar la devolución de la mercancía.

Get the most advantage from something Sacar el mayor partido de algo.

Get things the wrong way round Interpretar algo al revés.

Get to know something Llegar a saber algo.

Get to the bottom of the matter Llegar al fondo del asunto.

Get to the office Llegar a la oficina.

Get to work Poner manos a la obra.

Get too far off the subject Apartarse demasiado del tema.

Get up at six in the morning Levantarse a las seis de la mañana.

Get up from a chair Levantarse de una silla.

Get up to date on Ponerse al día con.

Getting on to the subject of Pasando al asunto de.

Give 10% off Hacer una rebaja del 10%.

Give a 5% discount Hacer un descuento del 5%.

Give a large discount Hacer un descuento importante.

Give a quick visual overview of the sector's development Permitir una visualización rápida de la evolución del sector.

Give a rough idea of Dar una idea aproximada de.

Give a talk about something Dar una charla acerca de algo.

Give an account of Informar sobre.

Give an example Citar un ejemplo.

Give an objective opinion on a matter Opinar de forma objetiva sobre un asunto.

Give details over the phone Dar detalles por teléfono.

Give emphasis to something Hacer hincapié en algo.

Give information about something Dar razón de algo.

Give one thing in exchange for another Dar una cosa a cambio de otra.

Give one's name and address Dar el nombre y la dirección.

Give one's opinion Expresar uno su opinión.

Give one's view on a matter Opinar sobre un asunto.

Give out photocopies to those attending Entregar fotocopias a los asistentes.

Give rise to a discussion Dar lugar a una discusión.

Give some ideas to the team Aportar algunas ideas al equipo.

Give someone a dressing-down Echarle una bronca a alguien.

Give someone a pay rise Subirle a alguien el sueldo.

Give someone a week to finish a report Darle alguien una semana para terminar un informe.

Give someone an account of Dar cuenta a alguien de.

Give someone permission to do something Dar permiso a alguien para hacer algo.

Give someone time to do something Dar a alguien tiempo para hacer algo.

Give someone time to think it over Darle a alguien tiempo para pensarlo.

Give something a quick look-over Mirar algo por encima.

Give the green light to Dar luz verde a.

Give the impression that Dar la impresión de que.

Give up Darse por vencido.

Give up a project Renunciar a un proyecto.

Give up an idea Abandonar una idea.

Given that Dado que.

Glance over a document Mirar por encima un documento.

Go ahead with something Llevar algo adelante.

Go and get something Ir a por algo.

Go and look for something Ir a buscar algo.

Go and say hello to someone Ir a saludar a alguien.

Go away for a holiday Marcharse de vacaciones.

Go away on a trip Marcharse de viaje.

Go back to the issue that concerns us Volver al tema que nos ocupa.

Go back to the office Regresar a la oficina.

Go back to work Reincorporarse al trabajo.

Go backwards Ir hacia atrás.

Go bankrupt Ir a la quiebra.

Go by the name of Responder al nombre de.

Go forwards Ir hacia adelante.

Go halves Ir a medias.

Go into business Meterse en negocios.

Go into details Entrar en detalles.

Go on a journey Marcharse de viaje.

Go on strike Declararse en huelga.

Go on to another subject Pasar a otro tema.

Go on to other items to be dealt with Pasar a otros asuntos.

Go on to the next topic Pasar al siguiente tema.

Go on too long Alargarse demasiado.

Go on with something Continuar con algo.

Go out of fashion Pasarse de moda.

Go out to lunch Salir para comer.

Go over an account
Repasar una cuenta.

Go over to a 35-hour working week Pasar a una semana laboral de 35 horas.

Go right Ir bien (algo).

Go so far as to do something Llegar hasta el punto de hacer algo.

Go straight to the point Hablar sin rodeos.

Go there and back in an hour Ir y volver en una hora.

Go to a place Ir a un lugar.

Go to an exhibition Ir a una exposición.

Go to an interview Acudir a una entrevista.

Go to the office Acudir a la oficina.

Go to work by bus Ir a trabajar en autobús.

Goods in stock Mercancía disponible.

Goods may not be returned No se admite la devolución de la mercancía.

Goods on consignment Mercancía en depósito.

Goods ready for dispatch Mercancía preparada para expedición.

Goods train Tren de carga.

Government organization Organismo estatal.

Gross national product Producto nacional bruto.

Gross price Precio bruto.

Grow through a diversification strategy Crecer mediante una estrategia de diversificación.

Growing market Mercado creciente.

Growth forecast will be limited to 2% El crecimiento previsto se limita al 2%.

Growth rate Tasa de crecimiento.

Guarantee equal opportunities Garantizar la igualdad de oportunidades.

H

Hail a taxi Llamar a un taxi.

Half an hour later Media hora más tarde.

Half of the population La mitad de la población.

Half of them La mitad de

ellos.

Hand in one's resignation
Presentar la dimisión.

Hand in the receipts
Presentar los resguardos.

Hand out photocopies to those attending Distribuir fotocopias entre los asistentes.

Hand something to someone Entregar algo a alguien en mano.

Handle with care Manejar con cuidado.

Handling charges Gastos de manipulación.

Hang up Colgar el teléfono.

Hardly ever Casi nunca.

Have a (cup of) coffee before starting work
Tomar un café antes de empezar a trabajar.

Have a break Tomarse un descanso.

Have a check-up Tener una revisión médica.

Have a clear recruitment policy Tener una clara política de selección de personal.

Have a conversation with someone Tener una conversación con alguien.

Have a couple of things to do Tener un par de cosas que hacer.

Have a flexible working schedule Tener disponibilidad de horario.

Have a fortnight's holiday a year Disfrutar de dos semanas de vacaciones al año.

Have a good choice Tener donde escoger.

Have a good eye for something Tener buen ojo para algo.

Have a good knowledge of computing Tener amplios conocimientos de informática.

Have a good memory
Tener buena memoria.

Have a good organization
Contar con una buena organización.

Have a good sales strategy
Tener una buena estrategia de ventas.

Have a good way of working Tener un buen método de trabajo.

Have a great deal to do
Tener mucho que hacer.

Have a great deal to do with Tener muchísimo que ver con.

Have a headache Dolerle a uno la cabeza.

Have a high opinion of someone Tener buena opinión de alguien.

Have a job Tener un empleo.

Have a lot of work Tener mucho trabajo.

Have a market Tener salida (un producto).

Have a medical examination Tener una revisión médica.

Have a meeting with someone Tener una reunión con alguien.

Have a month's holiday Tener un mes de vacaciones.

Have a morning off Tener una mañana libre.

Have a negative effect on a business Influir negativamente en un negocio.

Have a new range of models Contar con una nueva gama de modelos.

Have a positive effect in the short term Producir efectos positivos a corto plazo.

Have a positive effect on a business Influir positivamente en un negocio.

Have a preference for something Tener preferencia por algo.

Have a previous commitment Tener un compromiso previo.

Have a product in stock Tener existencias de un producto.

Have a proposal for suppliers Tener una propuesta para los proveedores.

Have a question to ask Tener una pregunta que hacer.

Have a quick look at something Echar una ojeada a algo.

Have a reason for doing something Tener motivo para hacer algo.

Have a rest from work Descansar del trabajo.

Have a run of bad luck Tener una mala racha.

Have a seat, please Siéntese, por favor.

Have a second interview Tener una segunda entrevista.

Have a strict policy Tener una política estricta.

Have a tendency towards something Tener

tendencia a algo.

Have a very high opinion of someone Tener muy buena opinión de alguien.

Have a working knowledge of computing at user-level Tener conocimientos de informática a nivel de usuario.

Have access to resources Acceder a recursos.

Have accounts in several banks Tener cuentas abiertas en varias entidades bancarias.

Have all but decided to do something Tener casi decidido hacer algo.

Have ample time Tener tiempo de sobra.

Have an advantage over someone Tener ventaja sobre alguien.

Have an answer for everything Tener siempre respuesta.

Have an appointment with someone Tener cita con alguien.

Have an argument with someone Tener una discusión con alguien.

Have an effect Surtir efecto.

Have an immediate effect on results Incidir directamente en los resultados.

Have an influence on salaries Influir en los salarios.

Have an interest in something Tener interés por algo.

Have an interview with someone Tener una entrevista con alguien.

Have an opportunity to do something Tener la oportunidad de hacer algo.

Have an unblemished record Tener un expediente impecable.

Have authority over someone Tener autoridad sobre alguien.

Have authority to do something Tener autoridad para hacer algo.

Have been in the company for a very long time Tener mucha antigüedad en la empresa.

Have been the predecessor in the post Ser el antecesor en este puesto.

Have been trailing a deficit for quite a few years Arrastrar un déficit desde hace años.

Have been unemployed for

a year Haber estado en paro durante un año.

Have crazy ideas Tener ideas descabelladas.

Have difficulty in doing something Tener dificultad en hacer algo.

Have distributing agents in a country Tener distribuidores en un país.

Have doubts about something Tener dudas acerca de algo.

Have enough business experience Tener suficiente experiencia en los negocios.

Have enough resources Contar con suficientes medios.

Have experience in doing something Tener experiencia en hacer algo.

Have five years experience Tener cinco años de experiencia.

Have good business sense Tener aptitudes para los negocios.

Have good work methods Tener un buen método de trabajo.

Have grave doubts Tener serias dudas.

Have great pleasure in

doing something Tener mucho gusto en hacer algo.

Have him call me back as soon as possible, please Que me llame lo antes posible, por favor.

Have in view Tener a la vista.

Have increasing success among younger buyers Tener cada vez más aceptación entre compradores jovenes.

Have just heard about new restrictions Acabar de conocer las nuevas restricciones.

Have lunch at a restaurant Comer en un restaurante.

Have money to spare Tener dinero de sobra.

Have new management systems Contar con nuevos sistemas de gestión.

Have no choice but to No tener más alternativa que.

Have no intention of doing something No tener intención de hacer algo.

Have no knowledge of No tener conocimiento de.

Have no objection to (doing something) No tener ningún inconveniente en (hacer algo).

Have no objections to make No tener nada que objetar.

Have no objections to something No poner objeciones a algo.

Have no other choice but to continue with the strategy No tener otra alternativa que continuar con la estrategia.

Have no responsibility for No tener la responsabilidad de.

Have no time to make changes to No tener tiempo para hacer cambios en.

Have nothing to do with No tener nada que ver con.

Have one or two things to get done Tener un par de cosas que hacer.

Have one or two votes against Haber uno o dos votos en contra.

Have one's flight delayed Sufrir un retraso en el vuelo.

Have one's hopes set on something Tener las esperanzas puestas en algo.

Have reduced purchasing power Ver mermado el poder adquisitivo.

Have reservations about what was put forward earlier Tener dudas sobre lo anteriormente expuesto.

Have someone on the line Tener a alguien al teléfono.

Have someone's phone number Tener el número de teléfono de alguien.

Have something as one's goal Tener como meta algo.

Have something at hand Tener algo a mano.

Have something in hand Tener algo entre manos.

Have something in readiness Tener algo preparado.

Have something to do Tener algo que hacer.

Have something to do with Tener algo que ver con.

Have something to eat Comer algo.

Have something under control Dominar algo.

Have sufficient funding available Disponer de la financiación adecuada.

Have ten years seniority in the company Tener diez años de antigüedad en la empresa.

Have the advantage of
Tener la ventaja de.

Have the floor Tener la
palabra.

Have the impression that
Tener la impresión de que.

Have the last word Decir la
última palabra.

**Have the meeting in the
afternoon** Tener la reunión
por la tarde.

**Have the pleasure of doing
something** Tener el placer
de hacer algo.

**Have the right to early
retirement** Tener derecho
a la jubilación anticipada.

**Have time to do a bit of
sightseeing** Tener tiempo
de hacer un poco de
turismo.

Have to change one's flight
Tener que cambiar el vuelo.

Have to do something
Tener que hacer algo.

Have to do with Tener que
ver con.

**Have trouble with
something** Tener
problemas con algo.

**Have worked in developing
countries** Haber trabajado
en países en vías de
desarrollo.

**Have worked in different
companies** Haber
trabajado para diversas
empresas.

**Have you got any
comments to make on
this?** Algún comentario que
hacer sobre esto?

Have you met Mr X?
Conoce usted al Sr. X?

**Having already talked
about** Habiendo
comentado ya.

**He can't take your call right
now** No se puede poner al
teléfono ahora.

**He made no mention of his
resignation** No mencionó
nada sobre su dimisión.

**He works at the Miami
branch** Trabaja en el
sucursal de Miami.

**He'll be available in half an
hour** Estará libre dentro de
media hora.

**He'll take your call right
now** Enseguida se pone.

**He's been with us for a
year** Hace un año que
trabaja con nosotros.

He's got my number El
tiene mi número de
teléfono.

Head Buyer Jefe de
Compras.

Head of Department Jefe de Departamento.

Head office Oficina central.

Head the negotiations Dirigir las negociaciones.

Hear about someone Tener noticias de alguien.

Hear about something Oír acerca de algo.

Hear back from someone Volver a tener noticias de alguien.

Hear from someone Saber de alguien (directamente).

Hear of something Tener noticia de algo.

Help someone (to) do something Ayudar a alguien a hacer algo.

Here is the company's organization chart Aquí tenemos el organigrama de la empresa.

Hide something from someone Ocultar algo a alguien.

Higher education Estudios superiores.

Higher than ever Más alto que nunca.

Highlight the current boom in the sector Destacar la pujanza que ha cobrado el sector.

Highlight the efforts of the sales team Subrayar los esfuerzos del equipo de ventas.

Highlight the necessity for obtaining data Subrayar la necesidad de obtener datos.

Hire labour Contratar mano de obra.

His background and experience meet company requirements Su perfil se ajusta a los requerimientos de la empresa.

Hold a conversation Sostener una conversación.

Hold on, please No cuelgue, por favor.

Hold the post for a long time Ocupar el puesto durante mucho tiempo.

Hold the post of director Ocupar el puesto de director.

Home delivery service Servicio de entrega a domicilio.

Home market Mercado interior.

Home trade Comercio interior.

Hope for better times Esperar tiempos mejores.

Hope for success Esperar tener éxito.

Hope for the best Esperar lo mejor.
Hope to do something Esperar hacer algo.
How about that? Qué les parece.
How can I help you? En qué puedo ayudarle?
How did we arrange matters last time? Cómo lo organizamos la última vez?
How do you do? Cómo está usted?
How do you spell your name? Cómo se deletrea su nombre?
How does it look to you? Qué le parece a usted?
How early can I check in my baggage? Con qué antelación puedo facturar el equipaje?
How long have you been in this company? Cuánto tiempo hace que está usted en esta empresa?
How many employees does the company have? Cuántos empleados tiene la empresa?
How often? Con qué frecuencia?
How the campaign is going La marcha de la campaña.

However expensive it might be Por muy caro que sea.
However much Por mucho que.
Human factor Factor humano.
Human Resources Department Departamento de Recursos Humanos.
Hurry someone into doing something Meter prisa a alguien para que haga algo.
Hurry someone up Meter prisa a alguien.
Hurry to do something Apresurarse a hacer algo.
Hurry up Darse prisa.

I

I am pleased to advise that Me complace comunicarle de que.
I am very pleased to accept Acepto con mucho gusto.
I am writing to you to offer my services Me dirijo a ustedes con el objeto de ofrecerles mis servicios.
I appreciate your point of

view Comprendo su punto de vista.

I **bet you anything** Me apuesto lo que quieras.

I **can't get through to them** No consigo conectar con ellos.

I **changed jobs a year ago** Hace un año que cambié de trabajo.

I **couldn't get a taxi at the airport** No encontré un taxi en el aeropuerto.

I **didn't expect to see you here!** No esperaba verle por aquí!

I **don't know anybody here** No conozco a nadie aquí.

I **enclose a cheque, made payable to X, for 90 euros** Adjunto envío un cheque a favor de X por importe de 90 euros.

I **enclose my CV for your consideration** Le adjunto mi CV para su consideración.

I **had a wonderful time** Lo pasé estupendamente.

I **have been asked to talk briefly today about** Me han pedido hablar brevemente hoy sobre.

I **have it on good authority** Lo sé de fuentes fidedignas.

I **intend to outline our business plans** Tener previsto esbozar nuestros planes comerciales.

I **look forward to hearing from you** Quedo a la espera de su respuesta.

I **really appreciate your assistance** Le agradezco mucho su ayuda.

I **should add that** Debo añadir que.

I **should like to express my total disagreement with** Deseo expresar mi total disconformidad con.

I **should like to make a suggestion** Quisiera hacer una sugerencia.

I **want to stress the necessity of keeping data updated** Quiero subrayar la necesidad de tener actualizados los datos.

I **won't be able to go after all** No voy a poder ir después de todo.

I **won't keep you any longer** No le entretengo más.

I **would like to point out that** Me gustaría señalar que.

I'd **like an opportunity to discuss it with you** Me gustaría tener la oportunidad de hablarlo con usted.

I'd like to begin by talking about our competitors Me gustaría empezar por hablar de la competencia.

I'd like to emphasize the need to Permítanme ustedes que insista en la necesidad de.

I'd like to make an appointment for tomorrow Quisiera concertar una cita para mañana.

I'd like to see Mr X. Is he free? Quisiera ver al Sr. X. ¿Está libre?

I'll be with you in just a moment Estaré con usted dentro de un momento.

I'll certainly give the project my backing Por supuesto que apoyaré el proyecto.

I'll pass you back to the switchboard Le paso otra vez con la centralita.

I'll put you through to Mr X Le pasaré con el Sr. X.

I'm afraid he's out Me temo que ha salido.

I'm entirely at your service Me tiene a su entera disposición.

I'm having trouble

focussing the projector Tengo problemas al enfocar el proyector.

I'm not in a position to make a statement on the issue No estoy en posición de hacer declaraciones al respecto.

I've heard a lot about you Me han hablado mucho de usted.

Identical to something Idéntico a algo.

Identify the main problem Identificar el problema principal.

If A is compared with B Si se compara A con B.

If any of you arrive late Si alguno de vosotros llega tarde.

If anybody calls Si alguien llama.

If anything goes wrong Si algo sale mal.

If I may make a suggestion Si se me permite una sugerencia.

If I remember rightly Si mal no recuerdo.

If it happens that Si se da el caso.

If it seems all right to us Si nos parece bien.

If my memory serves me

well Si no me falla la memoria.

If only Si al menos.

If so Si es así.

If there's anything I can help you with Si hay algo en lo que le pueda ayudar.

If this were to happen Si esto ocurriera.

If we exclude a few timid attempts Si excluimos algunos tímidos intentos.

If you don't mind Si no tienen ustedes inconveniente.

If you have no objection Si no tienen ustedes inconveniente.

If you look closely at this table you will see that Si observan esta tabla con atención, verán que.

If you make friends, you make customers Si haces amigos, haces clientes.

If you possibly can Si te es posible.

If you would like further information, please do not hesitate to call (us) Si desea más información, no dude en llamarnos.

If you would like to get in contact with us Si desea contactar con nosotros.

Ignorant of a fact Ignorante de un hecho.

Ignore a fact Ignorar un hecho.

Ignore something Pasar algo por alto.

Immediately afterwards Inmediatamente después.

Impolite to someone Descortés con alguien.

Import charges Gastos de importación.

Import company Empresa importadora.

Import license Licencia de importación.

Import raw materials Importar materias primas.

Impose one's opinions Imponer uno sus opiniones.

Impressed by something Impresionado por algo.

Improve corporate image Mejorar la imagen corporativa.

Improve levels of stable employment Potenciar el empleo estable.

Improve notably Mejorar notablemente.

Improve production levels Mejorar los niveles de producción.

Improve production quality Mejorar la calidad en la

producción.

Improve productivity
Mejorar la productividad.

In a different way De forma
distinta.

In a general sense En
sentido general.

In a little while Dentro de
un rato.

In a moment Dentro de un
momento.

In a month's time Dentro
de un mes.

In a short time En poco
tiempo.

In a very short time En un
plazo muy breve.

In a way En cierto modo.

In a week's time Dentro de
una semana.

In a week's time En una
semana.

In a word En resumidas
cuentas.

In a year's time Dentro de
un año.

In about half an hour
Dentro de una media hora.

In accordance with De
acuerdo con.

**In accordance with your
instructions** Según sus
instrucciones.

**In acknowledgement of his
services to the company**

En reconocimiento de sus
servicios a la empresa.

In addition to Además de.

In advance Por adelantado.

**In agreement with
someone** De acuerdo con
alguien.

In all En total.

In all probability Con toda
probabilidad.

In all sincerity Con toda
sinceridad.

In all the cases put forward
En todos los casos
planteados.

In an hour's time Dentro de
una hora.

In an interview En una
entrevista.

In answer to En
contestación a.

In any case En todo caso.

In any other way De
cualquier otra manera.

In brackets Entre
paréntesis.

In brief En pocas palabras /
En resumidas cuentas.

In business time is money
En los negocios el tiempo
es oro.

In cartons En cajas de
cartón.

In case Por si acaso.

In certain cases En ciertos

casos.

In certain conditions En ciertas condiciones.

In charge of Al frente de (a cargo de).

In comparison with En comparación con.

In compensation En compensación.

In conclusion, we will say that Para concluir, diremos que.

In connection with this Referente a esto.

In different ways De distintas maneras.

In due course A su debido tiempo.

In due time A su debido tiempo.

In duplicate Por duplicado.

In each of the bars on the chart En cada una de las barras del gráfico.

In either case En cualquiera de los dos casos.

In error Por error.

In every respect En todos los aspectos.

In exchange for A cambio de.

In fact De hecho / En realidad.

In favour of A favor de.

In five days' time Dentro de cinco días.

In full En su totalidad.

In general terms En términos generales.

In half an hour's time Dentro de media hora.

In just a few hours En cuestión de unas horas.

In less than a fortnight En menos de dos semanas.

In less than a fortnight's time En menos de dos semanas.

In many aspects En muchos aspectos.

In many cases En muchos casos.

In many ways En muchos aspectos.

In most cases En la mayoría de los casos.

In my opinion Según mi opinión.

In no less than two hours En no menos de dos horas.

In no time at all Dentro de nada / En muy poco tiempo.

In obedience to someone's orders Obedeciendo las órdenes de alguien.

In one's own right Por derecho propio.

In order En orden.

In order to Con objeto de.

In other words one might

say that En otras palabras puede decirse que.

In our last telephone conversation En nuestra última conversación telefónica.

In part En parte.

In particular En particular.

In payment En compensación.

In practice En la práctica.

In progress En curso.

In proportion to En proporción con.

In recent years En estos últimos años.

In relation to what was said Acerca de lo dicho.

In reply to En contestación a.

In reply to your letter En respuesta a su carta.

In response to Como respuesta a.

In response to your advertisement in the Sunday newspaper En respuesta a su anuncio publicado en el diario dominical.

In return for A cambio de.

In round numbers En números redondos.

In shifts Por turnos (trabajos en una fábrica).

In short En resumen / Para abreviar.

In some ways En algunos aspectos.

In someone's presence Delante (en presencia) de alguien.

In spite of Pese a.

In stock En almacén.

In such a case En tal caso.

In such a way that De tal manera que.

In such conditions En tales condiciones.

In summary En resumen.

In support of En apoyo de.

In terms of quarterly output En términos de producción trimestral.

In that way De esa forma.

In the absence of new alternatives En ausencia de nuevas alternativas.

In the beginning En un principio.

In the bottom left-hand corner En la esquina inferior izquierda.

In the bottom right-hand corner En la esquina inferior derecha.

In the business world En el mundo de los negocios.

In the case of En el caso de.

In the course of the year En el curso del año.

In the course of time Con el tiempo.

In the drawing En el dibujo.

In the early morning Temprano por la mañana.

In the enclosed catalogue En el catálogo adjunto.

In the evening Por la tarde.

In the event of En el caso de.

In the final quarter En el último trimestre.

In the first place En primer lugar.

In the last two quarters En los dos últimos trimestres.

In the long term A largo plazo.

In the lower left-hand corner En el ángulo inferior izquierdo.

In the lower right-hand corner En el ángulo inferior derecho.

In the meantime Mientras tanto.

In the near future En fecha próxima.

In the near future En un futuro próximo.

In the not-too-distant future En un futuro no muy lejano.

In the opinion of En la opinión de.

In the presence of En presencia de.

In the previous meeting En la reunión anterior.

In the red En números rojos.

In the same way De la misma manera.

In the short term A corto plazo.

In the top left-hand corner En la esquina superior izquierda.

In the top right-hand corner En la esquina superior derecha.

In the upper left-hand corner En el ángulo superior izquierdo.

In the upper right-hand corner En el ángulo superior derecho.

In theory En teoría.

In these times of crisis En estos tiempos de crisis.

In this connection Con respecto a esto.

In this particular case En este caso concreto.

In this regard Por lo que respecta a esto.

In this respect Por lo que a esto respecta.

In this sector En este

sector.

In three weeks' time En tres semanas.

In today's post En el correo de hoy.

In two ways De dos maneras.

In use En uso.

In view of En vista de.

In which way? De qué manera?

In wooden cases En cajas de madera.

In writing Por escrito.

Inadequate packaging Embalaje insuficiente.

Incapable of doing something Incapaz de hacer algo.

Incentive plan Plan de incentivos.

Include something on a list Incluir algo en una lista.

Incomplete instructions Instrucciones incompletas.

Increase in distribution costs Aumento en los costes de distribución.

Increase in wages Incremento de sueldo.

Increase productivity Aumentar la productividad.

Increase profitability Aumentar la rentabilidad.

Increase sales margins Incrementar los márgenes de ventas.

Increase the price Subir el precio.

Increase the product range Aumentar la gama de productos.

Increase the sales figures Aumentar las cifras de ventas.

Increase the sales volume Incrementar el volumen de ventas.

Independent of someone Independiente de alguien.

Independently of Independientemente de.

Indicated below Abajo indicado.

Indifferent to something Indiferente a algo.

Industrial espionage Espionaje industrial.

Industrial estate Polígono industrial.

Industrial goods Productos industriales.

Industrial output Producción industrial.

Industrial property Propiedad industrial.

Inflammable substances Sustancias inflamables.

Inflationary spiral Espiral inflacionaria.

Influence of something on someone Influencia de algo sobre alguien.

Influence someone Influir sobre alguien.

Influence something Influir sobre algo.

Inform someone about something Informar a alguien de algo.

Inform someone of something Informar a alguien de algo.

Information bureau Oficina de información.

In-house production Producción propia.

Initial investment Inversión inicial.

Innovate in the design of new products Introducir novedades en el diseño de nuevos productos.

Inquire into a matter Investigar un asunto.

Insert something in(to) Insertar algo en.

Insert something in(to) Introducir algo en.

Inside out Al revés (lo de dentro, fuera).

Insist on doing something Insistir en hacer algo.

Insist on something Hacer hincapié en algo.

Insist on something Insistir en algo.

Insistence on something Insistencia sobre algo.

Inspired by something Inspirado por algo.

Inspired to do something Inspirado para hacer algo.

Instead of that En vez de eso.

Institutional Relations Manager Director de Relaciones Institucionales.

Instruct someone in Instruir a alguien en algo.

Instruct someone to do something Dar instrucciones a alguien para que haga algo.

Insurance costs Gastos de seguro.

Insurance policy Póliza de seguros.

Intellectual property Propiedad intelectual.

Intend to do something Proponerse hacer algo.

Intend to do something Tener intención de hacer algo.

Interested in doing something Interesado en hacer algo.

Interested in something Interesado por algo.

Interfere in an affair
Interferir en un asunto.

International market
Mercado internacional.

International organization
Organismo internacional.

International scope
Proyección internacional.

Interrupt a conversation
Interrumpir una conversación.

Interrupt the speaker
Interrumpir al ponente.

Interview someone
Entrevistar a alguien.

Interview the candidates
Entrevistar a los candidatos.

Interviews will be held in
Las entrevistas tendrán lugar en.

Introduce one person to another Presentar una persona a otra.

Introduce oneself
Presentarse a uno mismo.

Introduction of new work procedures Introducción de nuevos sistemas de trabajo.

Invest abroad Invertir en el extranjero.

Invest in research Invertir en investigación.

Invest money in a business

Invertir dinero en un negocio.

Investment plan Plan de inversión.

Investment program
Programa de inversión.

Investment project
Proyecto de inversión.

Investment strategy
Estrategia de inversión.

Invite someone in Invitar a alguien a entrar.

Invite someone out Invitar a alguien a salir.

Invite someone to dinner
Invitar a alguien a cenar.

Is Mr X there, please? Está el Sr. X, por favor?

Is that Mr X? Es usted Mr X? (teléfono).

Issue new shares Emitir nuevas acciones.

It doesn't matter No importa.

It goes without saying Ni que decir tiene.

It is a four-star hotel El hotel es de cuatro estrellas.

It is a well-advertised product Se trata de un producto muy anunciado.

It is about Trata de (un informe).

It is better to do something
Más vale hacer algo.

It is estimated that Se estima que.

It is expected that Se espera que.

It is highly unlikely that you will find a defect in one of our products Es muy improbable encontrar un defecto en uno de nuestros productos.

It is important to be clear that Es importante dejar claro que.

It is interesting to consider why Es interesante considerar porqué.

It is likely that the purchase agreement will be signed before the weekend Es probable que se firme el acuerdo de compra antes del fin de semana.

It is of no use No vale para nada.

It is reasonable to assume that Está dentro de lo razonable suponer que.

It is rumoured that Se rumorea que.

It is said that Se dice que.

It is to be hoped that Se espera que.

It is usually the case that Se suele dar el caso de que.

It is very important that Es muy importante que.

It makes no difference Da igual.

It may be that Puede ser que.

It might cost anywhere from 3,000 to 4,000 euros Podría costar entre 3.000 y 4.000 euros.

It puts us in an awkward situation Nos pone en una situación difícil.

It stands to reason Es lógico.

It turns out that Resulta que.

It will be seen that Se observará que.

It will take us another five years to put it right Tardaremos otros 5 años en rectificarlo.

It would be advisable to Sería conveniente que.

It would be very inadvisable to Sería muy poco aconsejable que.

It'll take quite a while Hay para rato.

It's a deal Trato hecho.

It's a pleasure to do business with you Es un placer hacer negocios con usted.

It's all over Todo ha terminado.

It's all the same to me Me da igual.

It's easier said than done Se dice antes que se hace.

It's four o'clock in the afternoon Son las cuatro de la tarde.

It's good to hear from you again Encantado de hablar de nuevo con usted.

It's impossible to understand No hay quien lo entienda.

It's just a matter of time Es sólo cuestión de tiempo.

It's late Es tarde.

It's marked urgent Pone urgente.

It's more difficult to find out Más difícil es determinar.

It's no trouble at all No es molestia en absoluto.

It's not at all easy No es nada fácil.

It's not bad at all No está nada mal.

It's not fair No hay derecho.

It's not important No es gran cosa.

It's not logical No tiene lógica.

It's not my thing at all No es lo mío en absoluto.

It's not surprising that No es extraño que.

It's not the right time to No es el momento para.

It's not worth the risk No merece la pena arriesgarse.

It's not worth the trouble No merece la pena.

It's only a matter of time Sólo es cuestión de tiempo.

It's only a rough estimate Es sólo un cálculo aproximado.

It's out of the question Ni hablar de eso.

It's risky to suppose that Es arriesgado suponer que.

It's the same Lo mismo da.

It's undeniable that No se puede negar que.

J

Job applicant Solicitante de un puesto de trabajo.

Job application Solicitud de trabajo.

Join forces with Aunar esfuerzos con.

Join one thing to another

Unir una cosa con otra.
Join the firm Entrar en la empresa.
Join the management team Unirse al equipo directivo.
Join the staff Entrar a formar parte de la plantilla.
Judge from appearances Juzgar por las apariencias.
Judge someone by something Juzgar a alguien por algo.
Jump to conclusions Juzgar apresuradamente.
Just about Sobre poco más o menos.
Just as happens Al igual que sucede.
Just as it is Tal cual.
Just as previously indicated Como se indicó anteriormente.
Just as well that Menos mal que.
Just at the right time Justo en el momento oportuno.
Just for once Por una sola vez.
Just in case Por si acaso.
Just in time Justamente a tiempo.
Just now Justamente ahora.
Just once Solamente una vez.

Just one more thing Solamente una cosa más.
Just the thought of it Sólo con pensarlo.
Just the way it is Tal cual.
Just then Precisamente entonces.
Just this once Sólo por esta vez.

K

Keep a secret Guardar un secreto.
Keep abreast of Mantenerse al corriente de.
Keep an appointment Acudir a una cita.
Keep an eye on someone No perder de vista a alguien.
Keep an open outlook Mantener una posición negociadora.
Keep at it Volver a la carga (insistir).
Keep business at current levels Mantener el negocio en los niveles actuales.
Keep in mind Tener en cuenta / Tener presente.

Keep in touch with Mantenerse en comunicación con.

Keep informed Tener al corriente.

Keep one's distance Guardar las distancias (en el trato).

Keep one's self-control No perder el control de uno mismo.

Keep one's temper No perder la calma.

Keep one's word Mantener la palabra dada.

Keep prices at current levels Mantener precios en niveles actuales.

Keep quiet Quedarse callado.

Keep silent about something Guardar silencio sobre algo.

Keep someone informed of something Tener a alguien informado de algo.

Keep someone out No dejar entrar a alguien.

Keep someone waiting Hacer esperar a alguien.

Keep something in No dejar salir algo.

Keep the accounts Llevar las cuentas.

Keep the law Respetar la ley.

Keep the receipts Conservar los resguardos.

Keep to the point Ceñirse a la cuestión.

Keep to the rules Atenerse a las reglas.

Keep up to date Mantener al corriente.

Knock at the door Llamar a la puerta.

Know how to do something Saber hacer algo.

Know someone by sight Conocer a alguien de vista.

Know the answer to a question Saber la respuesta a una pregunta.

Know what one is talking about Hablar con conocimiento de causa.

L

Label a product Etiquetar un producto.

Labour costs Costes laborales.

Lack an appropriate source of data Carecer de una fuente de datos apropiada.

Lack experience Faltarle a uno experiencia.

Lack respect for someone Faltar al respeto a alguien.

Large shopping malls Grandes centros comerciales.

Last a long time Durar mucho tiempo.

Later on Más tarde.

Launch a new line of products Lanzar una nueva línea de productos.

Launching of a product Lanzamiento de un producto.

Law of supply and demand Ley de la oferta y la demanda.

Lay down conditions Poner condiciones.

Lead on to the next point Conducir al siguiente punto.

Lead someone into error Inducir a alguien a error.

Lead to a reduction Conducir a un abaratamiento.

Lead to an increase in yearly profits Originar un aumento de los beneficios anuales.

Leading brand Marca líder.

Leading product Producto líder.

Lean forward Inclinarse hacia adelante.

Learn of something Enterarse de algo.

Leave a 10% tip Dejar una propina de 10% del importe.

Leave a gap Dejar un hueco.

Leave a message Dejar un recado.

Leave a space Dejar un hueco.

Leave aside Dejar aparte.

Leave no doubt No dejar duda alguna.

Leave no loose ends No dejar cabos sueltos.

Leave nothing to the unexpected No dejar nada imprevisto.

Leave nothing undone No dejar nada por hacer.

Leave of absence Permiso para ausentarse.

Leave off work Dejar de trabajar.

Leave out of account No tener en cuenta.

Leave someone out Dejar a alguien al margen.

Leave something behind Dejarse algo olvidado.

Leave something out Omitir algo.

Leave the table Levantarse

de la mesa.

Leave work Salir del
trabajo.

**Leave your message after
the tone** Deje su mensaje
después de la señal.

Legal advice
Asesoramiento legal.

Lend someone a hand
Echar una mano a alguien.

**Lend something to
someone** Prestar algo a
alguien.

Let an opportunity go by
Dejar escapar una ocasión.

Let me introduce myself
Permítanme que me
presente.

**Let me introduce you to
them** Permítame que se
los presente.

Let oneself be convinced
Dejarse convencer.

Let out a secret Divulgar un
secreto.

**Let participants know the
agenda** Comunicar el
orden del día a los
participantes.

Let slip an opportunity
Dejar pasar una
oportunidad.

Let someone into a secret
Revelar a alguien un
secreto.

Let someone know Avisar
(comunicar) a alguien.

**Let someone know two
days in advance** Avisar a
alguien con dos días de
antelación.

Let the chance slip by
Perder la ocasión.

Let us assume that
Pongamos por caso que.

Let's come to the point
Vamos al caso.

**Let's drink a toast to the
success of the project!**
Brindemos por el éxito del
proyecto!

Let's get to the point
Vamos al caso.

Let's not argue No
discutamos.

**Let's now look at the
financial aspects**
Consideremos ahora los
aspectos financieros.

**Let's start off with a
summary of our products
and services** Empecemos
con un resumen de
productos y servicios.

Let's suppose that
Supongamos que.

Let's take a break Vamos a
hacer un descanso.

Letterhead Membrete de
una carta.

Life annuity Renta o pensión vitalicia.

Lift the receiver Descolgar el auricular.

Like that De esa forma / Por el estilo.

Line of business Línea comercial.

Linear progression Progresión lineal.

List of materials Lista de materiales.

List of products Relación de productos.

List price Precio de lista.

Listen to reason Atender a razones.

Listen to someone Escuchar a alguien.

Listen to something Escuchar algo.

Liven up the conversation Animar la conversación.

Local shops Tiendas de la zona.

Long after Mucho tiempo después.

Long and profitable relationship for both parties Relación duradera y beneficiosa para ambas partes.

Long before Mucho tiempo antes.

Long beforehand Con mucha anticipación.

Long-term loan Préstamo a largo plazo.

Long-term objectives Objetivos a largo plazo.

Look about Mirar alrededor.

Look after someone's interests Velar por los intereses de alguien.

Look ahead Mirar al futuro.

Look around Mirar alrededor.

Look at a problem from all angles Estudiar un problema desde todos los aspectos.

Look at the main issues at a meeting Examinar los asuntos principales en una reunión.

Look at the time Mirar la hora.

Look back Mirar hacia atrás.

Look for a job Buscar trabajo.

Look for new distribution channels Buscar nuevos canales de distribución.

Look for new ways of financing Buscar nuevas fórmulas de financiación.

Look for someone Buscar a alguien.

Look for something Buscar

algo.

Look for work Buscar trabajo.

Look into a matter Examinar un asunto.

Look into the preparation of a business plan Abordar la preparación de un plan de negocios.

Look quickly through Repasar brevemente.

Look straight at someone Mirar directamente a alguien.

Look through a document Examinar un documento.

Look to the future Mirar hacia el futuro.

Looking at it another way Mirándolo desde otro punto de vista.

Looking at it from a different standpoint Mirándolo desde un punto de vista distinto.

Looking forward to your early reply Esperando su pronta respuesta.

Looking to the future Pensando en el futuro.

Lose all hope Perder toda esperanza.

Lose hope of doing something Perder la esperanza de hacer algo.

Lose interest Perder el interés.

Lose leadership in the sector Perder el liderazgo en el sector.

Lose one's job Perder el trabajo.

Lose the thread Perder el hilo.

Lose too much money Perder demasiado dinero.

Lose touch with someone Perder el contacto con alguien.

Low level of user satisfaction Bajo nivel de satisfacción del usuario.

Loyalty programs Programas de fidelización.

Luckily Por fortuna / Por suerte.

M

Magazine advertising Publicidad en revistas.

Mail advertising Publicidad por correo.

Mail order sales Venta por correo.

Mailing Publicidad por

correo.

Mailing list Lista de direcciones.

Main sources of finance Principales fuentes de financiación.

Maintain the level of competitiveness Mantener el nivel de competitividad.

Maintenance costs Gastos de mantenimiento.

Maintenance Department Departamento de Mantenimiento.

Maintenance worker Operario de mantenimiento.

Majority opinion Opinión mayoritaria.

Make 10 % more turnover than in the previous year Facturar un 10% más que en el año anterior.

Make 90,000 euros a year Ganar 90.000 euros al año.

Make a 12 million euro profit Registrar un beneficio de 12 millones de euros.

Make a call Hacer una llamada.

Make a chart of Elaborar un gráfico de.

Make a cheque out to someone Extender un

cheque a favor de alguien.

Make a cheque payable to someone Extender un cheque a favor de alguien.

Make a clean copy of something Poner algo en limpio.

Make a comment about something Hacer un comentario sobre algo.

Make a comparison between several companies Hacer una comparación entre varias empresas.

Make a complaint Presentar una queja.

Make a copy Sacar una copia.

Make a deal Hacer un trato.

Make a decision Tomar una decisión.

Make a detailed study Hacer un estudio detallado.

Make a distinction between two things Hacer una distinción entre dos cosas.

Make a fair copy Poner en limpio (un escrito).

Make a fair copy of something Poner algo en limpio.

Make a fortune Hacer una fortuna.

Make a good impression

Causar buena impresión.

Make a journey to Miami Hacer un viaje a Miami.

Make a list of Preparar una relación de.

Make a living Ganarse la vida.

Make a marketing plan Hacer un plan de marketing.

Make a mistake when adding up the figures Cometer un error al sumar las cifras.

Make a note on someone's record Anotar en el expediente de uno.

Make a parcel Hacer un paquete.

Make a presentation Hacer una presentación.

Make a profit Obtener beneficios.

Make a profit of two million euros Obtener un beneficio de dos millones de euros

Make a promise Hacer una promesa.

Make a purchase Hacer una compra.

Make a reduction Hacer una rebaja.

Make a remark Hacer una observación.

Make a reservation Hacer una reserva.

Make a short visit Hacer una corta visita.

Make a speech Pronunciar un discurso.

Make a suggestion to someone Hacer una sugerencia a alguien.

Make a summary Hacer un resumen.

Make a telephone call Llamar por teléfono.

Make a wrong move Dar un paso en falso.

Make almost a million euros profit Lograr un beneficio de casi un millón de euros.

Make an accounting mistake Cometer un error en la contabilidad.

Make an agreement with someone Pactar con alguien.

Make an appointment for Friday the sixth Concertar una cita para el viernes día seis.

Make an appointment with someone Concertar una cita con alguien.

Make an attempt at getting something Intentar conseguir algo.

Make an enquiry to the bank concerning a customer's creditworthiness Preguntar al banco sobre la solvencia de un cliente.

Make an estimate Hacer un presupuesto.

Make an exception Hacer una excepción.

Make an in-depth study of the matter Estudiar el tema en profundidad.

Make an objective valuation Llevar a cabo una valoración con criterios objetivos.

Make an offer Hacer una oferta.

Make available to Poner a la disposición de.

Make comments about something Hacer comentarios sobre algo.

Make comparisons Hacer comparaciones.

Make demands on someone Ir con exigencias a alguien.

Make difficulties Crear dificultades.

Make foreign investments Invertir en el extranjero.

Make future plans Hacer planes para el futuro.

Make mention of something Sacar algo a colación.

Make money Hacer dinero.

Make no comment on something No hacer comentarios sobre algo.

Make no effort No esforzarse.

Make no reply No contestar.

Make no sense No tener sentido.

Make objections to something Poner objeciones a algo.

Make one final attempt Hacer un último intento.

Make one's way Dirigir uno sus pasos.

Make oneself understood Hacerse entender.

Make preparations Hacer preparativos.

Make progress Hacer progresos.

Make room for someone Hacer sitio a alguien.

Make someone believe Hacer creer a alguien.

Make someone talk Hacer que alguien hable.

Make something go Hacer que algo funcione.

Make something known

Dar a conocer algo.
Make something official
Hacer algo oficial.
Make something plain
Poner algo en claro.
Make something stand out
Destacar algo.
Make sure Para asegurarse.
Make the right decision
Tomar la decisión correcta.
**Make the work more
productive** Hacer el
trabajo más productivo.
Make things easier Facilitar
las cosas.
Make things easy Dar
facilidades.
Make up for lost time
Recuperar el tiempo
perdido.
Make use of something
Servirse de algo / Valerse
de algo.
**Manage a budget of 100
million euros** Administrar
un presupuesto de 100
millones de euros.
Manage to do something
Lograr hacer algo.
**Manage to gain a 12%
market share** Conseguir
alcanzar una cuota de
mercado del 12%.
**Manage to improve sales
results** Conseguir

incrementar los resultados
de ventas.
Management functions
Funciones directivas.
Manager's office Oficina del
director.
Managing Director Director
general.
Manufactured products
Productos manufacturados.
Manufacturing costs
Gastos de fabricación.
Manufacturing schedule
Programa de fabricación.
Many of them Muchos de
ellos.
Many thanks for coming
Muchas gracias por venir.
Many times Muchas veces.
Marital status Estado civil.
Market demand Demanda
del mercado.
Market economy Economía
de mercado.
Market leader Líder del
mercado.
Market penetration
Penetración en el mercado.
Market positioning
Posicionamiento en el
mercado.
Market potential Potencial
comercial.
Market price Precio de
mercado.

Market prospecting
Prospección de mercados.
Market research Estudio de
mercado.
Market research
Investigación de mercado.
Market segment Segmento
del mercado.
Market share by sector
Cuota de mercado por
sector.
Market survey Estudio de
mercado.
Market trends Tendencias
del mercado.
Market value Valor
comercial.
Marketing Department
Departamento de
Marketing.
Marketing Manager
Director de Marketing.
Marketing plan Plan de
marketing.
Marketing strategy
Estrategia comercial.
Mass produce Fabricar en
serie.
Mass production
Producción en serie.
**Mean an increase in net
worth** Suponer un
incremento del valor neto.
Means of payment Sistema
de pago.

Means of production
Medios de producción.
Means of transport Medios
de transporte.
Meanwhile Mientras tanto.
**Meddle in other people's
affairs** Meterse en asuntos
ajenos.
Meet after lunch Reunirse
después de comer.
**Meet all the requirements
for** Cumplir todos los
requisitos para.
**Meet at the Miami
headquarters** Verse en la
sede de Miami.
Meet expenses Hacer
frente a los gastos.
**Meet minimum
requirements** Cumplir los
requisitos mínimos.
**Meet opposition to a
project** Encontrar
oposición para un proyecto.
Meet the costs Hacer frente
a los costes.
Meet the expenses Correr
con los gastos.
Meeting room Sala de
reuniones.
**Mention something in
someone's presence**
Mencionar algo en
presencia de alguien.
Mention something to

someone Mencionar algo a alguien.

Method of payment Forma de pago.

Minimal change over the previous year Diferencia mínima respecto al año anterior.

Minimum charges Gastos mínimos.

Minimum price Precio mínimo.

Minority opinion Opinión minoritaria.

Miss a chance Perder una oportunidad.

Miss an appointment Faltar a una cita.

Miss an opportunity Perder una oportunidad.

Miss one's chance Dejar escapar una ocasión.

Miss one's train Perder el tren.

Miss out the details Pasar por alto los detalles.

Mistake one person for another Confundir a una persona con otra.

Mistake one thing for another Confundir una cosa con otra.

Mobile (phone) Teléfono móvil.

Modernize the department Modernizar el departamento.

Money-back guarantee Garantía de reembolso.

Monopolize the market Monopolizar el mercado.

Month after month Mes tras mes.

Monthly payment Mensualidad.

Monthly report Informe mensual.

More or less Sobre poco más o menos.

More people than ever Más gente que nunca.

More than enough Más que suficiente.

More than once Más de una vez.

More than ten people Más de diez personas.

Most of the time La mayor parte del tiempo.

Most of them La mayor parte de ellos.

Move aside to let someone through Apartarse para dejar pasar a alguien.

Move on to the next subject Pasar al siguiente tema.

Move out of the way Quitar de en medio (algo que estorba).

Move with the times Ir con los tiempos.

Moving on to the matter of Pasando al asunto de.

Mr X speaking Soy el Sr. X (al teléfono).

Much obliged Muy agradecido.

Mutual insurance company Mutua de seguros.

My flight leaves very early in the morning Mi vuelo sale muy temprano por la mañana.

My knowledge Según mis conocimientos.

My main purpose today is Mi objetivo principal hoy es.

My mind A mi entender.

My next trip to Spain will be in May Mi próximo viaje a España será en mayo.

My personal opinion is that Mi opinión personal es que.

My position on the matter Mi posición al respecto.

My way of thinking Según mi forma de pensar.

N

National insurance Seguridad social.

National Sales Director Jefe Nacional de Ventas.

Near the end of the month Hacia finales de mes.

Need a coherent diversification strategy Necesitar una estrategia de diversificación coherente.

Need a wider distribution network Necesitar una red de distribución más amplia.

Need money badly Tener mucha necesidad de dinero.

Need much funding to finance new investments Precisar cuantiosos fondos para financiar nuevas inversiones.

Need something Necesitar algo.

Need to change strategy Necesidad de cambiar de estrategia.

Needless to say Ni que decir tiene.

Needs assessment
Evaluación de necesidades.
Negotiable conditions
Condiciones negociables.
Negotiate a sale Negociar
una venta.
Negotiating table Mesa de
negociaciones.
**Negotiation of business
terms** Negociación de
condiciones comerciales.
Net price Precio neto.
Net returns Rendimiento
neto.
Never mind No importa.
Nevertheless Sin embargo.
New business Nuevos
negocios.
New challenges Nuevos
retos.
New perspectives Nuevas
perspectivas.
New shopping habits
Nuevos hábitos de
consumo.
New to the job Nuevo en el
empleo.
New York time Hora de
Nueva York.
Newspaper advertising
Publicidad en periódicos.
Next I'm going to describe
A continuación voy a
describir.
Next time La próxima vez.

Next to Junto a.
Next to impossible Punto
menos que imposible.
Next week La semana que
viene.
Next year El año que viene.
Nice to meet you
Encantado de conocerle.
Nightshift Turno de noche.
Nine out of ten Nueve de
cada diez.
No commercial value Sin
valor comercial.
No doubt Sin duda.
No effect Sin resultado
alguno.
**No matter how easy it may
appear** Por muy fácil que
parezca.
No matter how much Por
mucho que.
No matter what you do No
importa lo que hagas.
**No returned goods
(accepted)** No se admiten
devoluciones.
No to agree with someone
No estar de acuerdo con
alguien.
Nobody else Nadie más.
Nominate someone
Designar a alguien (para un
puesto).
Non-perishable product
Producto no perecedero.

Non-working day Día inhábil.

Not a bit of it! ¡Ni pensarlo!

Not always No siempre.

Not another word Ni una palabra más.

Not at all No hay de qué.

Not by any means! ¡Ni pensarlo!

Not counting that Sin contar eso.

Not even once Ni una vez siquiera.

Not far away No muy lejos.

Not far from No lejos de.

Not long after eight No mucho más tarde de las ocho.

Not long afterwards No mucho tiempo después.

Not long ago No hace mucho tiempo.

Not only ... but also No sólo ... sino también.

Not only No solamente.

Not this time Esta vez no.

Not to accept returned goods No admitir devoluciones de la mercancía.

Not to accept the nomination No aceptar el nombramiento.

Not to approve something No aprobar algo.

Not to be a cash sale No ser una venta al contado.

Not to be able to attend the meeting No poder asistir a la reunión.

Not to be authorized to act No estar autorizado para actuar.

Not to be free to travel No tener disponibilidad para viajar.

Not to be in a position to No estar en condiciones de.

Not to be in agreement with company policy No estar de acuerdo con la política de la empresa.

Not to be in the office No estar en la oficina.

Not to be in the office at the moment No estar en el despacho en ese momento.

Not to be on speaking terms No dirigirse la palabra.

Not to be profitable No ser rentable (un negocio).

Not to be representative No ser representativo.

Not to be the one in charge No ser el responsable.

Not to be well-received Tener poca aceptación (una propuesta).

Not to catch the last letter /

number No entender la última letra / número.

Not to forget something No olvidar algo (tener presente).

Not to get the expected results No obtener los resultados esperados.

Not to give competitors any indication of one's sales strategy No dar pistas a los rivales sobre la estrategia comercial.

Not to give much of a discount Hacer poco descuento.

Not to have a secretary available No tener una secretaria disponible.

Not to have distributors in a country No tener distribuidores en un país.

Not to have enough resources No contar con suficientes medios.

Not to have the goods in stock No tener existencias de un producto.

Not to know the extension number No saber el número de la extensión.

Not to manage to reach the average No lograr alcanzar la media.

Not to mention Mr X Por no mencionar al Sr. X.

Not to reach an agreement with No llegar a un acuerdo con.

Not to reach the minimum wage No llegar al salario mínimo.

Not to receive a reply No obtener respuesta.

Not to take part No tomar parte.

Not to understand a single word No entender palabra.

Not to understand why that should be the case No acabar de entender por qué es así.

Nothing at all Nada en absoluto.

Nothing else Nada más.

Nothing special Nada de particular.

Notify someone of something Notificar a alguien algo.

Now that you mention it Ya que lo mencionas.

Now we'll go on to Ahora damos paso a.

Nowadays En la actualidad / Hoy en día.

Number of jobs available each year in the sector Oferta anual de empleo en el sector.

O

Object to doing something Poner objeciones para hacer algo.

Objectives should be sharpened Deben precisarse los objetivos.

Obtain an absolute majority Obtener la mayoría absoluta.

Obtain information from Obtener información.

Occasion to celebrate something Ocasión de celebrar algo.

Of course Por supuesto.

Of equal size Igual de tamaño.

Of importance De importancia.

Of no account Sin importancia.

Of standard quality De calidad estándar.

Offer a 30% discount Ofrecer un descuento del 30%.

Offer one's apologies Presentar sus excusas.

Offer services through (the) Internet Ofrecer servicios a través de Internet.

Offer someone money for something Ofrecer a alguien dinero por algo.

Offer something to someone Ofrecer algo a alguien.

Offer to do a job Ofrecerse para hacer un trabajo.

Office building Edificio de oficinas.

Office equipment Equipamiento de oficina.

Office hours Horario de oficina.

Office location Emplazamiento de las oficinas.

Office supplies Material de oficina.

On a journey De viaje.

On a large scale A gran escala.

On a small scale A pequeña escala.

On a visit De visita.

On alternate days Cada dos días.

On analysing the results of the questionnaire Al analizar los resultados del cuestionario.

On and off A intervalos.
On average Por término medio.
On behalf of all who work here De parte de todos los que trabajan aquí.
On business De negocios.
On comparing the results of two consecutive years Al comparar los resultados de dos años consecutivos.
On condition that Con la condición de que.
On demand Mediante petición.
On duty De servicio.
On equal terms En igualdad de condiciones.
On holiday De vacaciones.
On leave De permiso.
On leaving the office Al salir de la oficina.
On Monday mornings Los lunes por la mañana.
On my own initiative Por propia iniciativa.
On no account Bajo ningún concepto.
On one hand Por una parte.
On one occasion En una ocasión.
On one's own account Por su propia cuenta (iniciativa).
On page 5 of your photocopies En la página 5 de sus fotocopias.
On payment of 100 euros Mediante el pago de 100 euros.
On previous occasions En ocasiones anteriores.
On principle Por principio.
On receipt of your order Al recibo del pedido.
On request Mediante solicitud.
On sale En venta.
On second thoughts Pensándolo mejor.
On someone's behalf Por parte de alguien.
On special offer De oferta.
On strike En huelga.
On the agenda En el orden del día.
On the assumption that Suponiendo que.
On the basis of Basándose en / Partiendo de la base que.
On the following chart you can see En el siguiente esquema se observa.
On the following page En la página siguiente.
On the house Por cuenta de la casa.
On the left A la izquierda.
On the left side En la parte izquierda.

On the list En la lista.
On the next page En la página siguiente.
On the occasion of Con ocasión de.
On the other hand Por otra parte.
On the other page En la otra página.
On the outside Por fuera.
On the quiet Por lo bajo.
On the right A la derecha.
On the right side En la parte derecha.
On the screen En la pantalla.
On the table below you can see En la tabla de más abajo se ve.
On the way Sobre la marcha.
On trial A prueba.
Once a week Una vez por semana.
Once again Una vez más.
Once and for all Una vez por todas.
Once in a while Una que otra vez.
Once more Una vez más.
Once this has been done Una vez hecho esto.
One above the other Uno sobre otro.
One after another Uno tras otro.
One after the other Uno tras otro.
One and a half years Un año y medio.
One as much as the other Tanto uno como otro.
One beside the other Uno al lado del otro.
One by one Uno por uno.
One must acknowledge that Hay que reconocer que.
One of many Uno de tantos.
One of these days Un día de estos.
One out of ten Uno de cada diez.
One thing more Una cosa más.
One too few Uno de menos.
One too many Uno de más.
Only in some ways Sólo en algunos aspectos.
Only once Una vez nada más.
Open a current account at the bank Abrir una cuenta corriente en el banco.
Open up new distribution channels Abrir nuevos canales de distribución.
Opening hours Horario de atención al público.
Opening soon Próxima

inauguración.

Opinion about Opinión sobre.

Opinion on Opinión sobre.

Opportunity to do something Oportunidad de hacer algo.

Opposed to Opuesto a (actitud).

Opt to do something Optar por hacer algo.

Or something like that O algo parecido.

Or something similar O algo parecido.

Order (for merchandize) Pedido de mercancías.

Order Department Departamento de Pedidos.

Order number Número de pedido.

Order numbers are quoted below Los números de pedido se indican a continuación.

Order someone to do something Ordenar a alguien que haga algo.

Order something Hacer un pedido de algo.

Organization chart Organigrama.

Organize a congress Organizar un congreso.

Organize the work badly Organizar mal el trabajo.

Organize the work well Organizar bien el trabajo.

Organized labour Trabajo organizado.

Our conditions of sale are as follows Nuestras condiciones de venta son las siguientes.

Our customer's counter-offer La contraoferta de nuestro cliente.

Our director is away on a business trip Nuestro gerente se encuentra en un viaje de negocios.

Our forecast for the next six months is Nuestra previsión para los próximos seis meses es.

Our head office has moved Nuestra sede se ha trasladado.

Our head office is in Boston Nuestra sede central está en Boston.

Our last telephone conversation Nuestra última conversación telefónica.

Our latest catalogue Nuestro catálogo actualizado.

Our main supplier is currently out of stock

Nuestro principal proveedor tiene agotadas las existencias.

Our position in the market La posición que ocupamos en el mercado.

Our prices are no longer competitive Nuestros precios ya no son competitivos.

Our prices are unbeatable Nuestros precios son imbatibles.

Our product guarantee covers La garantía de nuestros productos cubre.

Out of curiosity Por curiosidad.

Out of my reach Fuera de mi alcance.

Out of necessity Por necesidad.

Out of place Fuera de lugar.

Out of stock Agotadas las existencias.

Out of stock Existencias agotadas.

Out of the ordinary Fuera de lo común.

Out of the reach of Fuera del alcance de.

Out of work Sin empleo / Sin trabajo.

Outline Explicar a grandes rasgos.

Outstanding business Asuntos pendientes.

Outstanding order Pedido pendiente.

Over a million Más de un millón.

Over and over again Una y otra vez.

Over the past few weeks En las últimas semanas.

Over there Por ahí.

Over two years Por espacio de dos años.

Overcome a difficulty Superar una dificultad.

Overhead expenses Gastos generales.

Overheads Gastos generales.

Overland transport Transporte terrestre.

Overloaded with work Agobiado de trabajo.

Overnight De la noche a la mañana.

Overseas market Mercado exterior.

Overtime Horas extras.

Overwork Sobrecarga de trabajo.

Owe someone money Deber dinero a alguien.

Own a business Tener un negocio.

Own factories all over the

world Contar con fábricas repartidas por todo el mundo.

P

Pack in cardboard Embalar con cartón.
Pamphlet Folleto informativo.
Parallel to something Paralelo a algo.
Participate in a meeting Participar en la reunión.
Participate in a question-and-answer session Intervenir en el turno de preguntas.
Part-time employment Empleo a tiempo parcial.
Pass over something Pasar algo por alto.
Pass someone back to (someone else) Ponerle a alguien (por teléfono con otro) de nuevo.
Pat someone on the back Dar a alguien palmadas en la espalda.
Pay (in) cash Pagar en efectivo.

Pay a basic rate plus sales commission Pagar un sueldo base más una comisión sobre la venta.
Pay an expense Sufragar un gasto.
Pay an invoice Pagar una factura.
Pay attention Poner atención.
Pay attention to Prestar atención a.
Pay attention to details Reparar en detalles.
Pay back the money Devolver el dinero.
Pay by bank transfer Pagar por transferencia bancaria.
Pay by cheque Pagar mediante cheque.
Pay cash for something Pagar algo al contado.
Pay compensation Pagar una indemnización.
Pay day Día de pago.
Pay for something (in) cash Pagar algo al contado.
Pay for something in instalments Pagar algo a plazos.
Pay in advance Pagar por adelantado.
Pay in euros Pagar en euros.
Pay in full Pagar por

completo.

Pay into an account
Abonar en cuenta.

Pay no attention to Hacer caso omiso de.

Pay off a debt Saldar una deuda.

Pay off the debts incurred Saldar las deudas contraídas.

Pay rise Incremento de sueldo.

Pay someone for their work Pagar a alguien por su trabajo.

Pay weekly Pagar por semanas.

Payable to bearer Pagadero al portador.

Payment as usual Forma habitual de pago.

Payment date Fecha de pago.

Payment in advance Pago por adelantado.

Payment in arrears Pago atrasado.

Payment in cash Pago al contado.

Payment is due at 90 days El pago es a 90 días.

Payment must be made within ten days El pago deberá efectuarse en un plazo de diez días.

Payment of an invoice Pago de una factura.

Payment order Orden de pago.

Payroll costs Costes salariales.

Payroll employee Trabajador por cuenta ajena.

Peaks and troughs Los picos y valles (de una gráfica).

Pending matters Asuntos pendientes.

Pending order Pedido pendiente.

Penetrate the market Introducirse en el mercado.

Per cent Por ciento.

Perceive a marked imbalance between Percibir un marcado desequilibrio entre.

Percentage of sales Porcentaje sobre ventas.

Perhaps I could introduce myself Permítanme que me presente.

Perhaps we should Quizás habría que.

Perishable goods Mercancías perecederas.

Perishables Productos perecederos.

Permanent job Trabajo fijo.

Permission in writing
Permiso por escrito.

Permission to do something Permiso para hacer algo.

Persist in doing something Persistir en hacer algo.

Personal belongings Efectos personales.

Personnel costs Costes de personal.

Personnel Department Departamento de Personal.

Personnel employed Personal contratado.

Personnel Manager Director de Personal.

Persuade someone to do something Convencer a alguien para que haga algo.

Pessimistic about the future Pesimista sobre el futuro.

Phone about an order Llamar para preguntar por el estado del pedido.

Phone about an urgent matter Llamar por un asunto urgente.

Phone outside work time Llamar fuera de las horas de oficina.

Phone someone Llamar por teléfono a alguien.

Phone the hotel Llamar por teléfono al hotel.

Phone to say that Telefonear diciendo que.

Pick someone up at the airport Ir a buscar a alguien al aeropuerto.

Pick up a quarrel with someone Meterse con alguien.

Pick up the phone Coger el teléfono.

Pie chart Gráfico de sectores.

Pilot program Programa piloto.

Place an order for something Hacer un pedido de algo.

Place great emphasis on something Poner mucho énfasis en algo.

Plan a more in-depth study Prever un estudio más profundo.

Plan for the future Hacer planes para el futuro.

Plan something beforehand Planear algo de antemano.

Plan to do something Planear hacer algo.

Planning stage Etapa de planificación.

Plastic container Envase de plástico.

Plastic wrapping Envoltorio de plástico.

Play a great part Jugar un gran papel.

Play a part Desempeñar un papel.

Play for time Tratar de ganar tiempo.

Play something on the piano Tocar algo al piano.

Please accept my apologies Acepte mis disculpas, por favor.

Please accept my application Ruego consideren mi candidatura.

Please acknowledge receipt Rogamos acusen recibo.

Please advise of your terms Rogamos nos informen sobre sus condiciones.

Please advise us of the shipment date Rogamos nos avisen de la fecha de embarque.

Please advise when the goods will be dispatched Rogamos comuniquen cuándo se efectuará el envío.

Please be seated Tomen asiento, por favor.

Please do not hesitate to contact us No dude en ponerse en contacto con nosotros.

Please find enclosed my CV Adjunto les envío mi CV.

Please find enclosed our latest catalogue Adjuntamos nuestro catálogo actualizado.

Please hold the line for a moment Espere un momento, por favor (al teléfono).

Please indicate salary expectations Se ruega indicar las pretensiones salariales.

Please inform us Rogamos nos informen.

Please let us know Rogamos nos informen.

Please let us know the reason for the delay Sírvanse comunicarnos el motivo del retraso.

Please note that Rogamos tomen nota de que.

Please note that there is a mistake in the invoice Nos permitimos señalarles que hay un error en la factura.

Please reply by return of post Rogamos nos

contesten a vuelta de correo.

Please send us Ruego nos envíen.

Please send us a selection of items from your range Sírvanse enviarnos una selección de su gama de productos.

Please sit down Siéntese, por favor.

Please someone Complacer a alguien / Quedar bien con alguien.

Please tell him I called Dígale que he llamado, por favor.

Plenty of time Tiempo de sobra.

Point by point Punto por punto.

Point of sale Punto de venta.

Point of view Punto de vista.

Point something out Apuntar a algo (destacando) / Indicar algo.

Point to something Apuntar a algo (señalando).

Poisonous substances Sustancias venenosas.

Position a product in the market Posicionar un producto en el mercado.

Possibility of doing something Posibilidad de hacer algo.

Post a letter Echar una carta al correo.

Post office Oficina de correos.

Post office giro Giro postal.

Postage & Packing not included Gastos de embalaje y envío aparte.

Postal charges extra Gastos de envío aparte.

Postpone a meeting Aplazar una reunión.

Postpone an appointment Aplazar una cita.

Post-sales assistance Servicio de asistencia post-venta.

Potential customers Clientes potenciales.

Potential market Mercado potencial.

Preceded by something Precedido de algo.

Prefabricated products Productos prefabricados.

Prefer doing something Preferir hacer algo.

Prefer one thing rather than another Preferir una cosa a otra.

Prefer one thing to another Preferir una cosa a otra.

Prefer to do something
Preferir hacer algo.

Preliminary study Estudio
preliminar.

Prepare a budget Hacer un
presupuesto.

Prepare a memo Preparar
un memorandum.

Prepare a report Elaborar
un informe.

Prepare a speech Preparar
un discurso.

**Prepare oneself for difficult
challenges** Prepararse
para los retos más difíciles.

Prepayment Pago
anticipado.

Present a product Hacer la
presentación de un
producto.

Present a proposal
Presentar una propuesta.

Present at the meeting
Presente en la reunión.

**Present last year's
(financial) results**
Presentar los resultados del
año pasado.

Present someone
Presentar a alguien.

**Present the reports
monthly** Presentar los
informes mensualmente.

Present unreliable data
Presentar datos de escasa

fiabilidad.

Press advertising
Publicidad en prensa.

Press conference Rueda
de prensa.

Press release Comunicado
de prensa.

Pretend not to understand
No darse por enterado.

Previously Con
anterioridad.

Price adjustment Ajuste de
precios.

Price elasticity Elasticidad
del precio.

Price level Nivel de precios.

Price list Lista de precios.

Price range Escala de
precios.

Price reduction Recorte de
precios.

Price tag Etiqueta (precio).

Price war Guerra de
precios.

**Prices subject to change
without notice** Precios
sujetos a variación sin
previo aviso.

Prices valid until 15th May
Precios vigentes hasta el 15
de mayo.

Pricing policy Política de
precios.

Private company Empresa
privada.

Private property Propiedad privada.

Private sector Sector privado.

Privatize a company Privatizar una empresa.

Proceed step by step Ir por partes.

Process an order Servir un pedido.

Produce in bulk Producir en grandes cantidades.

Produce in small quantities Producir en pequeñas cantidades.

Product availability Disponibilidad del producto.

Product launch Lanzamiento de un producto.

Product line Línea de productos.

Product list Relación de productos.

Product Manager Jefe de Producto.

Product positioning Posicionamiento de un producto.

Product presentations at trade fairs Presentación de los productos en ferias comerciales.

Product quality is of prime importance La calidad de los productos es de suma importancia.

Product range Gama de productos.

Product reference code Código de referencia de un producto.

Production costs Costes de producción.

Production Department Departamento de Producción.

Production line Línea de producción.

Production Manager Director de Producción.

Production schedule Programa de producción.

Productivity bonus Prima de productividad.

Professional ethics Etica profesional.

Professional secrecy Secreto profesional.

Profit decrease Descenso de los beneficios.

Profit from Sacar ventaja de.

Profit from something Sacar provecho de algo.

Profit margin Margen de beneficio.

Profit rise Aumento de beneficios.

Profit sharing Reparto de

beneficios.

Profitability of a business Rentabilidad de un negocio.

Profitability ratio Índice de rentabilidad.

Profitability study Estudio de la rentabilidad.

Profits decreased for the first time in six years Los beneficios disminuyeron por primera vez desde hace seis años.

Proforma invoice Factura proforma.

Project Manager Jefe de Proyecto.

Projection for the future Proyección de futuro.

Promise to do something Prometer hacer algo.

Promote a product Promocionar un producto.

Promotion through seniority Ascenso por antigüedad.

Promotional pack Paquete promocional.

Propose doing something Proponer hacer algo.

Propose initiatives for entering a market Proponer iniciativas para entrar en un mercado.

Propose something to someone Proponer algo a

alguien.

Propose the opening of new premises Proponer la apertura de nuevos locales.

Provide a department with enough resources Dotar de recursos suficientes a un departamento.

Provide a view of the business in relation to the competition Proporcionar una visión de la empresa respeto a la competencia.

Provide further information Facilitar información adicional.

Provide proof of effectiveness Aportar pruebas de eficacia.

Provide someone with something Proporcionar algo a alguien.

Provided that Con tal de que.

Provided that Siempre y cuando.

Public funds Fondos públicos.

Public institution Organismo público.

Public relations Relaciones públicas.

Public Relations Manager Director de Relaciones Públicas.

Public sector Sector público.

Public sector employment Empleo público.

Publication of survey results Publicación de los resultados de una encuesta.

Publish statistics on consumer confidence Publicar estadísticas referentes a la confianza del consumidor.

Publish the results of a survey Publicar los resultados de una encuesta.

Pull off a profitable deal Hacer un negocio redondo.

Pull up a chair Acercar una silla.

Purchase costs Costes de adquisición.

Purchase order Orden de compra.

Purchase price Precio de compra.

Purchasing Department Departamento de Compras.

Purchasing Manager required Se necesita Jefe de Compras.

Purchasing power Poder adquisitivo.

Push back a chair Retirar una silla (al levantarse).

Put a label on a product Poner la etiqueta a un producto.

Put a stop to something Poner punto final a algo.

Put all one's determination Poner todo el empeño.

Put an advertisement in the paper Poner un anuncio en el periódico.

Put an end to something Poner fin a algo.

Put back the date for a meeting Aplazar la fecha de una reunión.

Put forward a new plan Proponer un nuevo plan.

Put forward an idea Exponer una idea.

Put forward ideas Sugerir ideas.

Put forward next year's plan Exponer el plan del próximo año.

Put forward proposals Ofrecer propuestas.

Put in a complaint Poner una reclamación.

Put in an envelope Poner en un sobre.

Put in doubt Poner en tela de juicio.

Put in order Poner en orden.

Put in writing Poner por escrito.

Put into action Poner en práctica.

Put into effect Llevar a efecto.

Put into operation Poner en funcionamiento.

Put into practice Poner en práctica.

Put it another way En otras palabras.

Put it bluntly Hablando sin rodeos.

Put it into practice Ponerlo en práctica.

Put off negotiations Aplazar las negociaciones.

Put on sale Poner a la venta (un producto).

Put on the table Poner encima de la mesa.

Put one's foot in it Meter la pata.

Put one's hand down Bajar la mano.

Put someone through Pasar a alguien con otra persona (teléfono).

Put someone to the test Poner a alguien a prueba.

Put something aside Poner algo aparte.

Put something at someone's disposal Poner algo a disposición de alguien.

Put something down in writing Poner algo por escrito.

Put something in order Poner algo en orden.

Put something into English Poner algo en inglés.

Put something on sale Poner algo a la venta.

Put something the wrong way round Poner algo al revés.

Put something to the vote Someter algo a votación.

Put something up for sale Poner algo a la venta.

Put the blame on someone Echarle la culpa a alguien.

Put the phone down Colgar el teléfono.

Put through to the wrong extension Pasar con la extensión equivocada.

Put to the test Someter a prueba.

Put up for sale Poner en venta.

Put up with something Tolerar algo.

Putting it plainly Hablando claro.

Q

R

Quarterly payments Pagos trimestrales.

Question something Poner algo en duda.

Question-and-answer session Turno de preguntas / Sesión de ruegos y preguntas

Queue up Hacer cola.

Quickly recap Resumir rápidamente.

Quickly revise Repasar brevemente.

Quite by accident De pura casualidad.

Quite by chance Por pura casualidad.

Quite frankly Con toda franqueza.

Quite often Con bastante frecuencia.

Quite the contrary Muy al contrario.

Quite the opposite Todo lo contrario.

Radioactive substances Sustancias radioactivas.

Railway transport Transporte por ferrocarril.

Raise a question Plantear un problema.

Raise fixed costs Aumentar los costes fijos.

Raise objections to something Poner objeciones a algo.

Raise one's hand Levantar la mano.

Raise prices to make short-term profits Aumentar los precios para conseguir ganancias a corto plazo.

Raise profits by 3% Incrementar el beneficio en un 3%.

Raise someone's salary Subirle a alguien el sueldo.

Raise someone's salary 5% over the previous year's Subirle a alguien el sueldo un 5% respecto al año anterior.

Raise the alarm concerning

the growing number of debtors Dar la voz de alarma sobre el creciente número de deudores.

Raise the credit limit Ampliar el límite de crédito.

Raise the price Subir el precio.

Raise unit prices Elevar los precios por unidad.

Range of colours Gama de colores.

Range of possibilities Abanico de posibilidades.

Rapid company growth Crecimiento rápido experimentado por la empresa.

Rapid delivery service Servicio de entrega urgente.

Rate of absenteeism Indice de absentismo.

Rate of growth Tasa de crecimiento.

Rather Más bien.

Raw material Materia prima.

Reach a compromise Llegar a un arreglo.

Reach a good growth rate Lograr una alta tasa de crecimiento.

Reach an agreement with someone Llegar a un acuerdo con alguien.

Reach an alarming level Llegar a niveles alarmantes.

Reach an objective Alcanzar un objetivo.

Reach minimum requirements Alcanzar los requisitos mínimos.

Reach one's destination Llegar uno a su destino.

Reach the average Alcanzar la media.

Reach the end of the talk Llegar al final del discurso.

React to the news Reaccionar ante la noticia.

Reactivate the market Reactivar el mercado.

Read about something Leer acerca de algo.

Read out a list Leer una lista (en voz alta).

Read someone a paragraph Leer un párrafo a alguien.

Read something aloud Leer algo en alta voz.

Read something in a magazine Leer algo en una revista.

Read something to someone Leer algo a alguien.

Ready for something Preparado para algo.

Ready to do something Preparado para hacer algo.

Realize that Darse cuenta de que.

Realize the seriousness of the situation Darse cuenta de la gravedad de la situación.

Reason about something Razonar sobre algo.

Receive a letter from someone Recibir una carta de alguien.

Receive a positive reply Obtener una respuesta positiva.

Receive a salary Percibir un salario.

Receive something in exchange Recibir algo a cambio.

Receive two payments a year Percibir dos pagas al año.

Received by fax Recibido por fax.

Received in my e-mail inbox Recibido en mi buzón de correo electrónico.

Reception desk Mostrador de recepción.

Recognize someone Reconocer a alguien.

Recommend someone for a job Recomendar a alguien para un puesto de trabajo.

Recommend something to someone Recomendar algo a alguien.

Recommend that someone should do something Recomendar que alguien haga algo.

Recommended retail price Precio de venta recomendado.

Recover the cost of materials Recuperar el coste del material.

Recover the investment within a three year period Recuperar la inversión en un periodo de tres años.

Reduce expenses Reducir gastos.

Reduce losses by 30% Reducir pérdidas en un 30%.

Reduce overheads Recortar los gastos generales.

Reduce payment time Reducir el plazo de pago.

Reduce permanent staff Reducir la plantilla de empleados fijos.

Reduce quality to cut costs Rebajar la calidad para reducir costes.

Reduce the price Rebajar el precio.

Reduce the sales price
Bajar el precio de venta.

Reduce to the minimum
Reducir al mínimo.

Reduce transport costs
Reducir gastos de transporte.

Reduction in profit margins
Reducción del margen de beneficios.

Reduction in purchasing power Reducción del poder adquisitivo.

Refer to Referirse a.

Reference has previously been made to Ya se ha aludido con anterioridad a.

Refund the money
Devolver el dinero.

Refuse an offer Rechazar una oferta.

Refuse to collaborate with someone Negarse a colaborar con alguien (en un proyecto).

Refuse to do something
Negarse a hacer algo.

Regarding this Referente a esto.

Regardless of something
Sin tener en consideración algo.

Regardless of the consequences Sin tener en cuenta las consecuen-

cias.

Register a letter Certificar una carta.

Registered office Domicilio social.

Registered patent Patente registrada.

Regret something
Lamentarse por algo.

Reinvest capital Reinvertir capital.

Reject a proposal
Rechazar una propuesta.

Related to this Relacionado con esto.

Related topics Temas afines.

Relating to what has been said Acerca de lo dicho.

Reluctant to do something
Reacio a hacer algo.

Remain behind Quedarse atrás.

Remain silent Permanecer callado.

Remain stable Mantenerse estable.

Remain the market leader
Mantener el liderazgo en el sector.

Remain to be done Quedar por hacer.

Remain to be seen Estar por ver.

Remark on Hacer

observaciones sobre.

Remarks on something
Observaciones sobre algo.

**Remember doing
something** Recordar
haber hecho algo.

Remember someone
Recordar a alguien.

Remember something
Acordarse de algo.

**Remember to do
something** Recordar hacer
algo.

**Remind participants of
something** Recordar algo
a los participantes.

**Remind someone of
something** Recordar algo
a alguien.

**Remind someone to do
something** Recordar a
alguien que haga algo.

Remove something from
Retirar algo de.

Renegotiate an agreement
Renegociar un acuerdo.

Renew a contract Renovar
un contrato.

**Renew temporary
contracts** Renovar los
contratos eventuales.

Reorganization of work
Reorganización del trabajo.

Reorganize a team
Reorganizar un equipo.

Reorganize the firm
Reorganizar la empresa.

Repayment guarantee
Garantía de reembolso.

**Repeat the telephone
number** Repetir el número
de teléfono.

Repeatedly Repetidas
veces.

**Replace one thing by
another** Reemplazar una
cosa por otra.

**Replacement of defective
goods** Reposición de la
mercancía defectuosa.

Reply coupon Cupón de
respuesta.

Reply rudely Contestar con
poca educación.

Reply to a letter Responder
a una carta.

Reply to someone
Responder a alguien.

Represent a company
Representar a una
empresa.

Representing En
representación de.

Repurchase agreement
Acuerdo de recompra.

**Request an appointment
with** Solicitar cita con.

Request an estimate
Solicitar un presupuesto.

Request an interview

Solicitar una entrevista.

Request an invoice which includes VAT Exigir una factura con IVA incluido.

Request for confirmation Solicitud de confirmación.

Request something from someone Solicitar algo de alguien.

Request to speak Pedir la palabra.

Require a salary advance Pedir un anticipo de sueldo.

Research and Development Department Departamento de Investigación y Desarrollo.

Research and Development Manager Director de Investigación y Desarrollo.

Resign from the job of sales manager Dimitir como director comercial.

Resign oneself to doing something Resignarse a hacer algo.

Resign oneself to something Resignarse a algo.

Resort to personal contacts Recurrir a los contactos personales.

Resource evaluation Evaluación de recursos.

Respect for someone

Respeto por alguien.

Respect someone Respetar a alguien.

Responsible for something Responsable de algo.

Rest assured that Tenga la seguridad de que.

Restore order Restablecer el orden.

Restructure the organization Reestructurar la organización.

Retail price Precio de minorista.

Retail sales Venta al detalle.

Retail trade Comercio al por menor.

Retailer Comerciante minorista.

Retire early Jubilarse anticipadamente.

Retire from business Retirarse de los negocios.

Retirement pension Pensión de jubilación.

Retirement plan Plan de jubilación.

Return after a year Volver al cabo de un año.

Return in a moment Volver dentro de un momento.

Return receipt requested Con acuse de recibo.

Return the goods Devolver la mercancía.

Return to normal Volver a la normalidad.

Return to work Volver al trabajo.

Reveal something to someone Revelar algo a alguien.

Reverse charge call Llamada a cobro revertido.

Review options for improving the situation Repasar las opciones para mejorar la situación.

Review the market study Repasar el estudio de mercado.

Review the resources available Revisar los recursos disponibles.

Revoke a contract Rescindir un contrato.

Reward someone for something Recompensar a alguien por algo.

Right at the top Arriba del todo.

Right away Ahora mismo.

Right from the start Desde el principio.

Right now Ahora mismo.

Right to the end Hasta el final.

Ring someone up Llamar a alguien por teléfono.

Ring up the hotel Llamar por teléfono al hotel.

Rise through the ranks Subir de categoría.

Rise to one's feet Ponerse de pie.

Risk everything Jugarse el todo por el todo.

Risk prevention Prevención de riesgos.

Risky investment Inversión arriesgada.

Road transport Transporte por carretera.

Rotating shift Turno rotativo.

Roughly speaking En líneas generales.

Rub a word off the whiteboard Borrar una palabra de la pizarra.

Rub shoulders with someone Codearse con alguien.

Rule out any possibility of there being a mistake Descartar cualquier posibilidad de error.

Run a business Dirigir un negocio.

Run a company Dirigir una empresa.

Run into difficulties with chemical imports

Encontrar problemas con la importación de químicos.

Run out of money Quedarse sin dinero.

Run out of something Agotársele algo (a alguien).

Run psychological tests for candidates Realizar tests psicológicos a los candidatos.

Run the business Llevar el negocio.

Run the risk of Correr el riesgo de.

Run up debts Contraer deudas.

Rush hour Hora punta.

S

Salary bonus Paga extra.

Salary improvements Mejora de las condiciones salariales.

Salary level Nivel de salarios.

Salary readjustment Reajuste salarial.

Salary review Revisión salarial.

Salary to be agreed Sueldo a convenir.

Salary to be agreed in accordance with the candidate's background and experience Sueldo a convenir según la trayectoria y experiencia del candidato.

Sales analysis Análisis de las ventas.

Sales are slightly above forecast Las ventas están ligeramente por encima de lo previsto.

Sales Department Departamento de Ventas.

Sales force Fuerza de ventas.

Sales have been slow up to now El ritmo de ventas ha sido lento hasta ahora.

Sales Manager Jefe de Ventas.

Sales meeting Reunión de ventas.

Sales network Red de ventas.

Sales outlet Punto de venta.

Sales price Precio de venta.

Sales projection Proyección de las ventas.

Sales promotion Promoción de ventas.

Sales representative

Representante comercial.

Sales team Equipo de ventas.

Sample copy Ejemplar de muestra.

Sample order Pedido de muestra.

Sampling method Método de muestreo.

Save money Ahorrar dinero.

Save time Ahorrar tiempo.

Say exactly how things stand Decir las cosas como son.

Say over again Volver a decir.

Say something in a low voice Decir algo en voz baja.

Say something in favour of the sales network Decir algo en favor de la red de ventas.

Say what is to be done about Decir qué hacer en cuanto a.

Say when Usted dirá (al servir vino).

Schedule Horario de un programa.

Sea transport Transporte marítimo.

Seasonal employment Empleo estacional.

Seasonal product Producto estacional.

Seasonal production Producción estacional.

Security guard Guardia de seguridad.

See above Véase más arriba.

See if someone is in Ver si alguien está (en la oficina).

See page 3 Véase página 3.

See someone doing something Ver a alguien hacer algo.

See someone in person Ver a alguien en persona.

See someone off Ir a despedir a alguien.

See something for oneself Ver algo por uno mismo.

See something from a different viewpoint Ver algo desde un punto de vista distinto.

See something from someone else's point of view Ver algo desde el punto de vista de otro.

See to something Ocuparse de algo.

See you tomorrow! Hasta mañana!

Seeing that Visto que.

Seek legal advice Consultar con un abogado.

Seek new ways of

organizing work Buscar distintas formas de organización del trabajo.

Seek the backing of Buscar el respaldo de.

Seldom Rara vez.

Self-employed person Trabajador por cuenta propia.

Sell at a discount Hacer una rebaja.

Sell at a give-away price Vender muy barato.

Sell by auction Vender en subasta pública.

Sell by weight Vender al peso.

Sell cash Vender al contado.

Sell cheaply (in order) to gain market share Vender barato para ganar cuota de mercado.

Sell from door to door Vender a domicilio.

Sell in bulk Vender a granel.

Sell in instalments Vender a plazos.

Sell more than in the previous year Vender más que en el año anterior.

Sell off surplus stock Vender los excedentes.

Sell on commission Vender a comisión.

Sell on hire purchase Vender a plazos.

Sell one's business Vender el negocio.

Sell retail Vender al por menor.

Sell something at a bargain price Vender algo a precio de saldo.

Sell something at a discount Vender algo con descuento.

Sell something at a knock-down price Vender algo a precio de saldo.

Sell something at a loss Vender algo perdiendo dinero.

Sell something at a profit Vender algo con un beneficio.

Sell something at cost price Vender algo a precio de coste.

Sell something at ten per cent profit Vender algo gananado el diez por ciento.

Sell something for 50 euros Vender algo por 50 euros.

Sell something to someone Vender algo a alguien.

Sell wholesale Vender al por mayor.

Send a letter express post
Enviar una carta urgente.

Send a message Enviar un
recado.

Send by e-mail Enviar por
e-mail.

Send by fax Enviar por fax.

**Send documents by
courier service** Enviar
documentos por mensajero.

Send for someone Mandar
venir a alguien.

Send for something
Mandar a por algo.

Send information Enviar
información.

Send letters Mandar cartas.

**Send out the invitations in
good time** Mandar las
invitaciones con tiempo.

Send someone a letter
Mandar una carta a alguien.

Send someone a message
Mandar un mensaje a
alguien.

Send someone a telegram
Poner un telegrama a
alguien.

Send someone something
Mandar algo a alguien.

**Send someone to do
something** Enviar a
alguien a hacer algo.

Send something by hand
Enviar algo en mano.

Send something by post
Mandar algo por correo.

**Send something cash on
delivery** Enviar algo contra
reembolso.

**Send something to
someone** Enviar algo a
alguien.

Send under separate cover
Enviar en sobre aparte.

Send without delay Enviar
sin demora.

Sender Remitente (de una
carta).

Sender's address Dirección
del remitente.

**Separate one thing from
another** Aislar una cosa de
otra.

Serve as an excuse Servir
de excusa.

Service company Empresa
de servicios.

**Service provided to a
company** Prestación de un
servicio a una empresa.

**Set a date and time for the
next meeting** Fijar fecha y
hora para la próxima
reunión.

Set measurable objectives
Fijar objetivos medibles.

Set out on a journey Salir
de viaje.

Set short-terrm objectives

Establecer objetivos a corto plazo.

Set the date for interviews Fijar las fechas para las entrevistas.

Set to work Ponerse a trabajar.

Set up a business Poner un negocio en marcha.

Set up a company Fundar una empresa.

Set up an appointment Fijar una cita.

Set up one's own business Establecerse por su cuenta.

Settle a bill Pagar una factura.

Settle a debt Saldar una deuda.

Settle a matter Arreglar un asunto.

Settle an account Liquidar una cuenta.

Settle an invoice by bank transfer Abonar una factura mediante transferencia bancaria.

Settle matters with the manager Despachar asuntos con el gerente.

Several times Varias veces.

Shake hands with someone Estrecharle la mano a alguien.

Shake one's head Negar con la cabeza.

Share the same view Compartir la misma opinión.

Shareholders' meeting Junta de accionistas.

Sharing out of tasks Reparto de tareas.

Sharp fall in productivity Fuerte descenso en la productividad.

Shift work Trabajo por turnos.

Ship by air Enviar por avión.

Shopping arcade Galería comercial.

Shopping area Zona comercial.

Short of time Apurado de tiempo.

Shortly afterwards Poco tiempo después.

Short-term loan Préstamo a corto plazo.

Short-term objectives Objetivos a corto plazo.

Should this happen Si esto ocurriera.

Show a chart Mostrar un esquema.

Show a draft Mostrar un borrador.

Show a relationship as a percentage Expresar una relación en porcentaje.

Show a steep rise in profitability Experimentar una fuerte elevación de rentabilidad.

Show a very marked tendency Mostrar una tendencia muy acusada.

Show company progress on a chart Mostrar el progreso de la compañía (con un diagrama).

Show good business sense Demostrar tener aptitud para los negocios.

Show great interest in something Mostrar mucho interés por algo.

Show interest in working in a company Mostrar interés por trabajar en una empresa.

Show positive short-term results Producir efectos positivos a corto plazo.

Show respect to someone Mostrar respeto a alguien.

Show signs of Dar muestras de.

Show some slides Proyectar unas diapositivas.

Show someone in Hacer pasar a alguien.

Show someone into a room Hacer pasar a alguien a una habitación.

Show someone out Acompañar a alguien a la salida.

Show someone the way out Mostrar a alguien la salida.

Show something on a chart Reflejar algo en un gráfico.

Show something to someone Mostrar algo a alguien.

Show surprise Mostrar sorpresa.

Show the pass Enseñar la tarjeta de acceso.

Show the samples Enseñar el muestrario.

Side by side Uno al lado del otro.

Side with someone Ponerse de parte de alguien.

Sign an agreement Firmar un acuerdo.

Signed and sealed by Firmado y sellado por.

Since Monday Desde el lunes (pasado).

Since when? Desde cuándo?

Sit down, please Tomen asiento, por favor.

Six out of ten enquiries end in a purchase Seis de cada diez consultas acaban en compra.

Skilled labour Mano de obra cualificada.

Skilled work Trabajo cualificado.

Skilled worker Trabajador cualificado.

Small ads Anuncios por palabras.

Small establishments Establecimientos pequeños.

So Por tanto.

So far away Tan lejos.

So far this year En lo que va de año.

So long Tanto tiempo.

So much the better Tanto mejor.

So much the worse Tanto peor.

So there's an end to it! Asunto concluido!

So what? Y qué?

Social agreement Pacto social.

Sold by auction Vendido en subasta.

Sold for the price of 6,000 euros Vendido al precio de 6.000 euros.

Sold out Existencias agotadas.

Solution to a problem Solución a un problema.

Solve a problem Resolver un problema.

Solvency of the company Solvencia de la compañía.

Some other time En otra ocasión.

Some time ago Hace algún tiempo.

Some weeks ago Hace unas semanas.

Someone to be trusted Persona digna de confianza.

Somewhere else En otra parte.

Sooner or later Tarde o temprano.

Sorry I'm late Siento llegar tarde.

Sour face Cara de pocos amigos.

Source of income Fuente de ingresos.

Source of information Fuente de información.

Speak a language badly Hablar un idioma mal.

Speak a language fluently Hablar un idioma con soltura.

Speak about Hablar de.

Speak aloud Hablar en voz alta.

Speak for someone Hablar por alguien.

Speak frankly Hablar con toda franqueza.

Speak in a loud voice
Hablar en voz alta.

Speak in a low voice
Hablar en voz baja.

Speak in public Hablar en público.

Speak louder Hablar más alto.

Speak loudly and clearly
Hablar alto y claro.

Speak on someone's behalf Hablar en nombre de alguien.

Speak on the phone
Ponerse al habla por teléfono.

Speak out Hablar claro (decir lo que uno piensa).

Speak softly Hablar en voz baja.

Speak to someone Dirigirse a alguien.

Speak to someone about a matter Hablar a alguien sobre un asunto.

Speak to someone about something Hablar a alguien de algo.

Speak to someone again
Hablar de nuevo con alguien.

Speak to someone in English Hablar con alguien en inglés.

Speak to someone on the phone Hablar con alguien por teléfono.

Speak well of someone
Hablar bien de alguien.

Speaking plainly Hablando claro.

Specialization in a field
Especialización en un campo.

Specialize in mergers and acquisitions Especializarse en fusiones y adquisiciones.

Specialize in something
Especializarse en algo.

Specialized worker
Trabajador especializado.

Specifications Pliego de condiciones.

Specify the means of transport Especificar el medio de transporte.

Speculate on the company's future
Especular sobre el futuro de la compañía.

Spell a word Deletrear una palabra.

Spend money on something Gastar dinero en algo.

Spend too much time at work Pasar demasiado tiempo en el trabajo.

Sponsor an event

Patrocinar un evento.

Staff cutbacks Reducción de plantilla.

Staff recruitment Selección de personal.

Staff reduction plan Plan de reducción de plantilla.

Staff room Sala para empleados.

Stand in for someone Sustituir a alguien.

Stand in the queue Hacer cola.

Stand out in a particular field Destacar en un campo concreto.

Stand sideways Ponerse de lado.

Stand to reason Ser lógico.

Stand up Ponerse de pie.

Stand up for someone Dar la cara por alguien.

Stand up to something Hacer frente a algo.

Standard of living Nivel de vida.

Standpoint Punto de vista.

Staple commodity Artículo de primera necesidad.

Staple products Productos básicos.

Star product Producto estrella.

Stare at someone Quedarse mirando a

alguien (fijamente).

Start a business relationship Establecer relaciones comerciales.

Start a price war Comenzar una guerra de precios.

Start by looking into the reasons for something Empezar por analizar las razones de.

Start doing something Empezar a hacer algo.

Start off Ponerse en marcha.

Start off by talking about international trade Empezar por hablar sobre comercio internacional.

Start up a project Poner en marcha un proyecto.

Start with Para empezar.

Start with the new product launch Empezar por el lanzamiento del nuevo producto.

Start work next week Incorporarse al trabajo la semana que viene.

Starting on Monday Desde el lunes (a partir del lunes).

State enterprise Empresa pública.

Statistics published by Las estadísticas publicadas por.

Stay a night at a hotel

Dormir una noche en un hotel.

Stay at a hotel Alojarse en un hotel.

Stay away from the office Faltar a la oficina.

Stay behind Quedarse atrás.

Stay in the office until six Quedarse en la oficina hasta las seis.

Step aside Hacerse a un lado.

Step by step Paso a paso / Por partes.

Stick to an opinion Aferrarse a una opinión.

Stimulate the market Activar el mercado.

Stir up a matter Remover un asunto.

Stock of finished goods Stock de productos terminados.

Stock replacement Reposición del stock.

Stop beating about the bush Dejarse de rodeos.

Stop doing something Cesar de hacer algo.

Stop half way Quedarse a medio camino.

Stop working Dejar de trabajar.

Straight to the point Sin rodeos.

Strange as it seems Por extraño que parezca.

Strategic plan Plan estratégico.

Stress something Resaltar algo.

Strictly forbidden Totalmente prohibido.

Strike for higher wages Hacer huelga para conseguir más salario.

Strike up a conversation Trabar conversación.

Structure a department Estructurar un departamento.

Study a proposal Estudiar una propuesta.

Study a question in-depth Estudiar un asunto a fondo.

Study at a business school Estudiar en una escuela de negocios.

Study the relationship between Estudiar la relación entre.

Subject to change Sujeto a cambio.

Submit a CV Enviar un CV.

Submit applications before the tenth of this month Entregar las solicitudes antes del diez del corriente.

Submit reports on a

monthly basis Presentar
los informes mensualmente.
Submit two copies
Presentar por duplicado.
Subsidiary company Filial
de una empresa.
Substitute for (someone)
Hacer las veces de
(alguien).
**Substitute one thing for
another** Sustituir una cosa
por otra.
Substitute someone
Sustituir a alguien.
**Succeed in doing
something** Lograr hacer
algo.
Successful proposal
Propuesta con éxito.
Such a long time Tanto
tiempo.
Such a point Hasta tal
punto.
Such as Tales como.
Sue someone for damages
Demandar a alguien por
daños y perjuicios.
Suffer large losses Sufrir
cuantiosas pérdidas.
**Suggest a temporary
shutdown of the factory**
Sugerir un cierre temporal
de la fábrica.
Suggest doing something
Sugerir hacer algo.

Suggest ideas Sugerir
ideas.
**Summarize our plans for
staff recruitment** Resumir
los planes para la
contratación de personal.
Summarize the situation
Resumir la situación.
**Summarize what has been
said up until now**
Recapitulemos lo dicho
hasta ahora.
Supply further details
Aportar más datos.
**Supply someone with
something** Suministrar
algo a alguien.
**Supply something to
someone** Suministrar algo
a alguien.
Support a proposal
Respaldar una propuesta.
**Support a statement with
statistics** Apoyar con
estadísticas una afirmación.
**Support the proposal to
make changes** Secundar
la propuesta de hacer
cambios.
Supposing that
Suponiendo que.
Suspect someone
Desconfiar de alguien
(sospechar).
Suspend negotiations

Suspenderse las negociaciones.

Suspend payments Suspender pagos.

Switch the light off Apagar la luz.

Systems engineer Ingeniero de sistemas.

T

Table of contents Lista de contenidos.

Take 10% off the price Hacer una rebaja del 10%.

Take a break from work Hacer una pausa en el trabajo.

Take a day off Tomarse un día libre.

Take a decision Tomar una decisión.

Take a false step Dar un paso en falso.

Take a flight first thing in the morning Tomar el vuelo a primera hora de la mañana.

Take a great interest in Tomarse mucho interés por.

Take a long time Llevar mucho tiempo (tardar).

Take a long time in doing something Demorarse en hacer algo.

Take a month's vacation Tomarse un mes de vacaciones.

Take a pessimistic view Ver las cosas por el lado pesimista.

Take a seat Tomar asiento.

Take a very long time to do something Tardar mucho en hacer algo.

Take a vote on it Someterlo a votación.

Take advantage of the occasion Aprovechar la ocasión.

Take an average of Hacer un promedio de.

Take an interest in something Tomarse interés por algo.

Take as an example Poner por caso / Tomar como ejemplo.

Take as an excuse Tomar como pretexto.

Take as long as necessary Tomarse uno el tiempo necesario.

Take care in doing something Poner cuidado en hacer algo.

Take care of organizing business trips Ocuparse de organizar los viajes de negocios.

Take charge of something Encargarse de algo.

Take charge of the situation Hacerse cargo de la situación.

Take effect Surtir efecto.

Take into account that Tener en cuenta que.

Take into consideration Tener en consideración.

Take it easy Tomarlo con calma.

Take it seriously Tomarlo en serio.

Take lessons from someone Tomar lecciones de alguien.

Take measures Tomar medidas.

Take measures concerning something Tomar medidas sobre algo.

Take no interest in doing something No tomarse interés en hacer algo.

Take no notice of Hacer caso omiso de.

Take no notice of someone No hacer caso a alguien.

Take no notice of something No hacer caso de algo.

Take notes Tomar notas.

Take notice of someone Hacer caso a alguien.

Take on a group of experts Contratar a un grupo de expertos.

Take on the responsibility for doing something Encargarse de hacer algo.

Take out of the way Quitar de en medio (algo que estorba).

Take pains in doing something Poner empeño en hacer algo.

Take pains over one's work Esmerarse uno en su trabajo.

Take part in a conversation Intervenir en una conversación.

Take part in something Tomar parte en algo.

Take part in the meeting Tomar parte en la reunión.

Take precautions Tomar precauciones.

Take seriously Tomar en serio.

Take sides with Tomar partido por.

Take sides with someone Ponerse del lado de alguien (hacer causa común).

Take some samples along
Llevar un muestrario.

Take some short courses in accounting Dar unos cursillos de contabilidad.

Take someone at his word Tomarle la palabra a alguien.

Take someone on Contratar a alguien.

Take someone seriously Tomar a alguien en serio.

Take someone to the check-in desk Acompañarle a alguien al mostrador de facturación.

Take something away from someone Quitar algo a alguien.

Take something for granted Dar algo por supuesto.

Take something lightly Tomarse algo a la ligera.

Take something literally Tomar algo al pie de la letra.

Take something out Sacar algo.

Take something to someone Llevar algo a alguien.

Take the average value of the figures in the balance sheet Tomar los valores medios de las cifras del balance.

Take the decision on where to produce it Tomar una decisión en cuanto adónde producirlo.

Take the floor Tomar la palabra.

Take the job on Asumir el cargo de.

Take the lead Tomar la delantera.

Take the liberty of doing something Tomarse la libertad de hacer algo.

Take the opportunity to do something Aprovechar la oportunidad para hacer algo.

Take the responsibility Cargar con la responsabilidad.

Take the trouble to do something Tomarse la molestia de hacer algo.

Take things easy Tomar las cosas con calma.

Take up time Ocupar tiempo.

Take vacation in August Tomar vacaciones en agosto.

Taking as a basis Si partimos de la base de que.

Taking everything into

account Teniendo todo en cuenta.

Taking no notice of Sin hacer caso de.

Talk about a topic Hablar sobre un tema.

Talk about an issue Hablar de un asunto.

Talk about something Comentar algo.

Talk about the effects of the fall in profits Hablar de los efectos de la caída de los beneficios.

Talk about the most appropriate measures Hablar sobre qué medidas son las más apropiadas.

Talk to someone Hablar con alguien.

Talks have reached deadlock Las negociaciones están en punto muerto.

Target audience Público objetivo.

Taste good Saber bien.

Taste nice Saber bien.

Tax evasion Evasión de impuestos.

Tax exempt Exento de impuestos.

Tax free Libre de impuestos.

Team up with someone Asociarse con alguien.

Teamwork Trabajo en equipo.

Technical advice Asesoramiento técnico.

Technical Department Departamento Técnico.

Telephone sales Ventas por teléfono.

Television advertising Publicidad en televisión.

Tell someone how to get somewhere Decirle a alguien cómo llegar.

Tell someone to do something Decir a alguien que haga algo.

Tell the difference between one thing and another Decir cuál es la diferencia entre una cosa y otra.

Temporary disability Incapacidad laboral transitoria.

Temporary staff Personal eventual.

Temporary work Trabajo temporal.

Tend to do something Tender a hacer algo.

Tendency to do something Tendencia a hacer algo.

Tendency towards Tendencia hacia.

Test Poner a prueba.

Thank in advance

Agradecer por adelantado.

Thank someone for something Agradecer a alguien algo.

Thank you for your attention Agradeciéndoles su atención.

Thank you for your call Gracias por llamar.

Thank you for your enquiry concerning our products Les agradecemos su solicitud en relación con nuestros productos.

Thank you for your interest in our products Agradecemos su interés por nuestros productos.

Thank you for your invitation Gracias por su invitación.

Thanks for calling Gracias por llamar.

Thanks in advance Gracias anticipadas.

That doesn't matter Eso no importa.

That far Hasta allí.

That goes without saying Eso es evidente.

That is (to say) O sea.

That is just speculation Eso son especulaciones.

That is why Por esta razón.

That means Eso quiere

decir.

That'll do for now Eso es bastante por el momento.

That's a different matter Eso es otra cosa.

That's all Eso es todo.

That's another angle to the problem Ese es otro aspecto del problema.

The above mentioned invoice La factura antes mencionada.

The agenda for the meeting El orden del día de la reunión.

The agreed conditions Las condiciones acordadas.

The amount credited to your account Importe abonado en cuenta.

The assets and liabilities are shown on this graph En este gráfico se representan el activo y el pasivo.

The average price per box El precio medio por caja.

The back row La última fila.

The barriers to entry into a market Las barreras de entrada de un mercado.

The blue line represents the sharp fall in La línea azul representa el importante descenso en.

The book trade El negocio del libro.

The bottom half La mitad de abajo.

The bottom part La parte de abajo.

The broken red line shows second quarter income La línea roja discontinua muestra los ingresos en el segundo trimestre.

The business world El mundo de los negocios.

The carrying out of a project Ejecución de un proyecto.

The catalogue is also available in English El catálogo está disponible también en inglés.

The closing date for applications is 2nd May La fecha tope para la entrega de solicitudes es el dos de mayo.

The coloured bars on the chart Las barras en color del gráfico.

The company makes a loss on this product La compañía pierde dinero con este producto.

The company's financial structure La estructura financiera de la empresa.

The company's position in relation to its competitors La posición de la empresa respeto a sus competidores.

The conclusions reached as a result of Las conclusiones alcanzadas como resultado de.

The conditions of payment Las condiciones de pago.

The consignment consists of El envío consta de.

The contract makes reference to En el contrato se hace referencia a.

The current economic conditions Las condiciones económicas actuales.

The current market situation La situación actual del mercado.

The current trend La tendencia actual.

The customer's wishes Los deseos del cliente.

The day after tomorrow Pasado mañana.

The deadline for applications is May 2nd La fecha tope para la entrega de solicitudes es el dos de mayo.

The decision to expand the

home market La decisión de expandir el mercado nacional.

The delivery date is 14th June La fecha de entrega es el 14 de junio.

The details are not necessary Sobran los detalles.

The discount is included El descuento está incluido.

The dollar is the basis for all accounting operations El dólar es la base de todas las operaciones contables.

The dollar zone Zona del dólar.

The dotted black line shows the results from the previous year La línea negra punteada muestra los resultados del año anterior.

The enclosed CV El CV adjunto.

The entry of cheaper products La entrada de productos más baratos.

The euro zone Zona del euro.

The extension is 654 La extensión es la 654.

The fact is that Lo cierto es que.

The fall in sales figures El descenso en las cifras de ventas.

The feasibility of the project La viabilidad del proyecto.

The figure at the bottom left-hand corner of the slide La cifra de la esquina inferior izquierda de la diapositiva.

The first three Los tres primeros.

The first time La primera vez.

The focus of the presentation El enfoque de la presentación.

The following day Al día siguiente.

The following evening La tarde siguiente.

The following week La semana siguiente.

The former president of the company El anterior presidente de la empresa.

The goods arrived on time La mercancía llegó en el plazo previsto.

The goods ordered La mercancía pedida.

The graph shows the downward trend of the market El gráfico muestra la tendencia a la baja del mercado.

The graph shows the rising trend of the market El gráfico muestra la tendencia al alza del mercado.

The guarantee permits the return of defective goods La garantía permite la devolución de la mercancía defectuosa.

The idea doesn't appeal to me No me atrae la idea.

The influx of foreign products La afluencia de productos del extranjero.

The interpretation of data collected in the survey La interpretación de los datos recogidos en la encuesta.

The invoice falls due at 30 days La factura vence a los 30 días.

The invoice for the goods delivered to you on 10th May is outstanding Está pendiente de abono la factura correspondiente a las mercancías entregadas el 10 de mayo.

The job pays weekly El trabajo se paga por semanas.

The last time (that) La última vez que.

The left-hand side El lado izquierdo.

The line cut off Se cortó la línea.

The line is busy La línea comunica.

The line went dead Se cortó la línea.

The line's dead No hay línea.

The lines are all engaged Todas las líneas están ocupadas.

The lines are busy Las líneas están ocupadas.

The main subject of my talk will be El tema principal de mi conferencia será.

The market is tending to rise La tendencia del mercado es al alza.

The media Medios de comunicación.

The moment of truth La hora de la verdad.

The nearest taxi rank La parada de taxis más cercana.

The negotiating table La mesa de negociación.

The new models will extend our current range Los nuevos modelos ampliarán nuestra gama actual.

The new price list La nueva

lista de precios.

The next evening La tarde siguiente.

The next subject El siguiente tema.

The next thing to do is Lo siguiente que hay que hacer es.

The next time (that) La próxima vez que.

The opposite of Lo opuesto a.

The order is based on the prices in your latest catalogue El pedido se hace de acuerdo con los precios de su último catálogo.

The order was shipped by air last Monday El pedido salió por vía aérea el pasado lunes.

The other way round Al revés (al contrario).

The outlook for growth Las perspectivas de crecimiento.

The packaging of the goods was poor El embalaje de las mercancías era deficiente.

The past few days Los pasados días.

The pie chart indicates En la gráfica sectorial se

indica.

The plain truth La pura verdad.

The policy of this firm La política de la empresa.

The presentation consists of three parts La presentación consta de tres partes.

The presentation is divided into four parts La presentación está dividida en cuatro partes.

The presentation of the results La presentación de los resultados.

The previous three Los tres anteriores.

The private sector El sector privado.

The problem is that El problema es que.

The profit margin is El margen de beneficio es de.

The profit margins are low Los márgenes de beneficio son reducidos.

The project budget El presupuesto para el proyecto.

The project's viability La viabilidad del proyecto.

The pros and cons Los pros y los contras.

The public sector El sector

público.

The qualities required for the job Las cualidades que se requieren para el puesto.

The rapid fall in productivity has been due to El fuerte descenso en la productividad se ha debido a.

The reason for La razón por la que.

The report you have in front of you El informe que tienen ustedes delante.

The results are roughly in line with the forecast Los resultados se aproximan al pronóstico.

The results of the survey suggest that Los resultados de la encuesta sugieren que.

The right-hand side El lado derecho.

The rise of the company has not been a matter of chance El auge de la empresa no es casual.

The salary for the post is El sueldo que corresponde al puesto es.

The same price Igual de precio.

The same size Igual de tamaño.

The seasonal decrease in orders El descenso estacional de los pedidos.

The share price rose sharply El precio de las acciones aumentó rápidamente.

The slide is the wrong way up La transparencia está al revés.

The sooner the better Cuanto antes mejor.

The steps to be followed Los pasos a seguir.

The thing is that Lo que pasa es que.

The time before last La penúltima vez.

The time has come to Ha llegado el momento de.

The top half La mitad de arriba.

The top part La parte de arriba.

The travel itinerary El itinerario del viaje.

The trouble is that El problema es que.

The truth is La verdad es.

The unit price is 4 euros El precio por unidad es de 4 euros.

The way things are at present Tal como están las cosas.

The week after next La semana siguiente a la próxima.

The week before last La semana antepasada.

The widest possible distribution for this product line La distribución más amplia posible para esta línea de productos.

The work day is 8 hours La jornada es de 8 horas.

The worsening of the competitive situation El empeoramiento de la situación competitiva.

There are thousands of them Se cuentan por miles.

There are two months left until the end of the financial year Quedan dos meses para terminar el año fiscal.

There is no doubt Sin lugar a dudas.

There is no time to lose No hay tiempo que perder.

There were 10 votes for and 3 against Hubo 10 votos a favor y 3 en contra.

There were heavy losses Las pérdidas alcanzaron valores elevados.

There's a lot of interference on the line Hay interferencias en la línea.

There's much to be said for that strategy Hay mucho a favor de esa estrategia.

There's no after-sales service No hay servicio postventa.

There's no doubt about that No hay ninguna duda de eso.

There's no knowing how No hay forma de saber cómo.

There's no logic to it No tiene lógica.

There's no problem at all No hay problema alguno.

There's no reason why No hay razón para que.

There's no solution No tiene arreglo (un problema).

There's nothing left to do but No hay más remedio que.

There's something here I don't understand Aquí hay algo que no entiendo.

Therefore Por consiguiente.

These figures have been updated Estos datos han sido actualizados.

These past few years Estos últimos años.

These percentages can be shown on a bar chart Estos porcentajes se pueden representar en un gráfico de barras.

These things take time Estas cosas llevan tiempo.

They have put you through to the wrong extension Le han pasado con la extensión equivocada.

They introduced us at the last sales meeting Nos presentaron en la última reunión de ventas.

They say that Se dice que.

Things are going better Las cosas van mejor.

Things are improving Las cosas van mejor.

Things will be all right Todo se arreglará.

Think a matter over Pensar sobre un asunto / Recapacitar sobre un asunto.

Think about Pensar en / Reflexionar sobre.

Think alike Pensar del mismo modo.

Think carefully before doing something Pensarlo bien antes de hacer algo.

Think of doing something Pensar hacer algo.

Think of expanding the company in Europe Pensar en la expansión de la empresa por Europa.

Think of the future Pensar en el futuro.

Think something over Pensar algo.

This day Hasta hoy.

This end Con este fin.

This end Para este propósito.

This far Hasta aquí.

This is a low-budget product Este es un producto de escaso presupuesto.

This is due to the fact that Esto se debe al hecho de que.

This is Mr X Soy el Sr. X (al teléfono).

This is our position Esta es nuestra posición.

This problem is crying out for a solution Este problema reclama una solución.

This raises the question of whether Esto plantea el problema de si.

This ratio must be lower than 100 El valor de este índice debe ser inferior a

100.

This simple Tan simple como esto.

This time next week De hoy en una semana.

This time next year Por estas fechas el año que viene.

This time tomorrow Mañana a estas horas.

This very day Hoy mismo.

Threaten massive layoffs Amenazar con despidos masivos.

Three and a half hours Tres horas y media.

Three days in a row Tres días seguidos.

Three days running Tres días seguidos.

Three times out of ten Tres veces de cada diez.

Three times running Tres veces consecutivas.

Through choice Por elección.

Through to the end Hasta el final.

Tight for time Apurado de tiempo.

Time factor Factor tiempo.

Time management Gestion del tiempo.

Time to do something Hora de hacer algo.

Timetable Horario de un programa.

To a certain extent Hasta cierto punto.

To a lesser extent En menor grado.

To begin with Para empezar.

To summarize Para resumir.

To the best of one's ability Lo mejor que uno pueda.

To the end Hasta el fin.

To the left Hacia la izquierda.

To the right Hacia la derecha.

To the value of Por valor de.

Today's agenda El orden del día.

Together with order No X Junto con el pedido nº X.

Tolerate something Tolerar algo.

Tomorrow afternoon Mañana por la tarde.

Tomorrow at the latest Mañana a más tardar.

Tomorrow evening Mañana por la tarde.

Tomorrow morning Mañana por la mañana.

Tomorrow night Mañana por la noche.

Tomorrow week De mañana en ocho días.

Tomorrow without fail Mañana sin falta.

Too long Demasiado tiempo.

Top left Parte superior izquierda.

Top left-hand corner Parte superior izquierda.

Top price Precio máximo.

Top right Parte superior derecha.

Top right-hand corner Parte superior derecha.

Total price Precio total.

Touch on a matter Mencionar un asunto brevemente.

Touch on a subject Tocar un tema.

Touch on future objectives Abordar los objetivos de futuro.

Towards the end of May A últimos de mayo.

Towards the end of the month Hacia finales de mes.

Towards the left Hacia la izquierda.

Towards the right Hacia la derecha.

Trade name Nombre comercial.

Trademark Marca registrada.

Train employees in-house Formar a los empleados dentro de la organización.

Training centers Centros de formación.

Training courses Cursos de formación.

Training Department Departamento de Formación.

Training Manager Director de Formación.

Translate from Spanish into English Traducir del español al inglés.

Translate word for word Traducir palabra por palabra.

Transport charges Gastos de transporte.

Transport company Empresa de transporte.

Transportation insurance Seguro de transporte.

Travel at full speed Ir a toda velocidad.

Travel first class Viajar en primera clase.

Travel from Miami to Madrid Hacer un viaje desde Miami a Madrid.

Travel on business Viajar por negocios.

Travel to Ir de viaje a (un lugar).

Travel tourist class Viajar en clase turista.

Travelling expenses Gastos de viaje.

Travelling salesman Viajante de comercio.

Treat it as a matter apart Tratarlo como un asunto aparte.

Treat it as a separate issue Tratarlo como un asunto aparte.

Treat someone to a dinner Invitar a alguien a cenar.

Treble sales in two years Triplicar ventas en dos años.

Trial order Pedido de prueba.

Trial period Periodo de prueba.

Trip over an obstacle Tropezar con un obstáculo.

Trouble someone Molestar a alguien.

Trust someone Tener confianza en alguien.

Try doing something Probar a hacer algo.

Try hard to do something Esforzarse en hacer algo.

Try to do something Intentar hacer algo.

Try to do something Tratar de hacer algo.

Try to look at the problem from a different angle Intentar enfocar el problema de otra manera.

Try to win time Tratar de ganar tiempo.

Turn a deaf ear Hacer oídos sordos.

Turn down a job Rechazar a un trabajo.

Turn down a request Rechazar una petición.

Turn down an offer Rechazar una oferta.

Turn out badly Salir mal (las negociaciones).

Turn out to be counter-productive Resultar contraproducente.

Turn out to be extremely practical Resultar sumamente práctico.

Turn out to be very important Resultar ser muy importante.

Turn out well Resultar bien (una negociación).

Turn over the page Volver la página.

Turn something inside out Volver algo del revés.

Turn to several sources of finance Recurrir a varias

fuentes de financiación.
Turn to someone for help
Recurrir a alguien para
pedir ayuda.
Turn up for an appointment
Acudir a una cita.
**Turn up late for the
meeting** Llegar tarde a la
reunión.
Turnover Volumen de
negocio.
**Turnover has risen but
profits have decreased**
Se han incrementado las
ventas pero los beneficios
han disminuido.
Twenty per cent Veinte por
ciento.
Twice a week Dos veces
por semana.
Twice as long El doble de
tiempo.
Two at a time De dos en
dos.
Two by two De dos en dos.
Two days ago Hace dos
días.
Two months ago Hace dos
meses.
**Two weeks before the
meeting** Dos semanas
antes de la reunión.

U

**Under certain
circumstances** En
circunstancias determina-
das.
Under no circumstances
Bajo ningún concepto.
Under one's breath Por lo
bajo.
Under one's respon-sibility
Bajo la responsabilidad de
uno.
Under separate cover En
sobre aparte.
Under the management of
Bajo la dirección de.
**Undergo an extraordinary
expansion** Experimentar
una extraordinaria
expansión.
Underground economy
Economía sumergida.
Understand something
Entender algo.
**Understand that it is the
distribution system that is
at fault** Comprender que
es el sistema de
distribución lo que falla.

Understand the meaning of something Comprender el significado de algo.

Understand what something means Entender el significado de algo.

Undertake domestic and international travel Realizar viajes nacionales e internacionales.

Undoubtedly Sin duda alguna.

Unemployed Sin empleo / Sin trabajo.

Unemployment benefit Subsidio de desempleo.

Unemployment insurance Seguro de desempleo.

Unemployment rate Tasa de desempleo.

Unexpectedly De improviso.

Unfair competition Competencia desleal.

Unfair dismissal Despido injustificado.

Unfortunately I have another commitment Lamentablemente tengo otro compromiso.

Unfriendly expression Cara de pocos amigos.

Unintentionally Sin querer.

Unit price Precio por unidad.

University studies Estudios universitarios.

Unlawful dismissal Despido improcedente.

Unpaid Sin pagar (no pagado).

Unprecedented Sin precedente.

Unsaleable product Producto no vendible.

Unskilled labour Mano de obra no cualificada.

Until further notice Hasta nuevo aviso.

Until now Hasta ahora.

Until tomorrow morning Hasta mañana por la mañana.

Until very late at night Hasta altas horas de la noche.

Up till then Hasta entonces.

Up to a point Hasta cierto punto.

Up to date Al corriente.

Up to now Hasta la fecha.

Up to the last moment Hasta el último momento.

Up to the present time Hasta el presente.

Up to this level Hasta este nivel.

Up until now Hasta el presente.

Ups and downs are frequent in the market Son frecuentes los altibajos del mercado.

Upside down Al revés (lo de arriba, abajo).

Upward trend Tendencia al alza.

Use a headhunter Contratar los servicios de un agencia de cazatalentos.

Use much-simplified practical examples Utilizar casos prácticos muy simplificados.

Use something Utilizar algo.

Very punctual Muy puntual.

Very soon Muy pronto.

Visiting card Tarjeta de visita.

Volunteer for a task Ofrecerse voluntario para una tarea.

Volunteer to do something Ofrecerse voluntario para hacer algo.

Vote against someone Votar en contra de alguien.

Vote for someone Votar a favor de alguien.

Vote on it Someterlo a votación.

Vouch for someone Responder por alguien (avalarle).

V

Vacuum-packed products Productos envasados al vacío.

Valued at 500 euros Valorado en 500 euros.

Very interested in something Muy interesado por algo.

Very likely Muy probablemente.

Very often Muchas veces.

W

Wage level Nivel de salarios.

Wait a moment Esperar un momento.

Wait for a chance Esperar una oportunidad.

Wait for a long time Esperar mucho tiempo.

Wait for an hour Esperar

una hora.

Wait for half an hour
Esperar media hora.

Wait for something Esperar
algo.

Walk to the office Ir a pie a
la oficina.

**Want someone to do
something** Querer que
alguien haga algo.

Want to do something
Querer hacer algo.

Warehouse Manager Jefe
de almacén.

Warehousing costs Gastos
de almacenaje.

Warn someone Avisar
(advertir) a alguien.

Waste someone's time
Hacer perder el tiempo a
alguien.

Waste time / money
Malgastar tiempo / dinero.

**Waste time in doing
something** Perder el
tiempo en hacer algo.

**We accept your delivery
terms** Aceptamos sus
condiciones de entrega.

**We apologize for any
inconvenience caused**
Rogamos disculpen las
molestias ocasionadas.

**We are awaiting any
proposal you may have**
Esperamos sus propuestas.

**We are awaiting your
instructions** Esperamos
sus instrucciones.

**We are contacting you to
offer our services** Nos
ponemos en contacto con
ustedes para ofrecerles
nuestros servicios.

**We are entirely at your
service** Quedamos a su
entera disposición.

**We are facing an
unfavourable situation**
Nos enfrentamos a una
situación adversa.

We are out of stock Se nos
han agotado las
existencias.

**We are pleased to learn
that** Nos complace saber
que.

**We are pleased to provide
the following estimate**
Nos complace hacerles
llegar el siguiente
presupuesto.

**We are recognized as
being the number one
brand** Estamos
reconocidos como la marca
número uno.

We are running out of time
Se nos acaba el tiempo.

We are unable to make

delivery at the agreed time No nos es posible efectuar la entrega dentro del plazo acordado.

We attach a sample of our products Adjunto enviamos una muestra de nuestros productos.

We await your instructions with regard to Estamos a la espera de sus instrucciones en cuanto a.

We can't give details over the phone No podemos dar detalles por teléfono.

We cannot accept your offer at present No podemos aceptar su oferta en estos momentos.

We do not have enough storage space No disponemos de almacenaje suficiente.

We enclose our current price list Adjuntamos la lista de precios actual.

We enclose the following invoices Adjunto enviamos las siguientes facturas.

We feel sure that Confiamos en que.

We got cut off Se cortó la comunicación telefónica.

We have a new product line Contamos con una nueva línea de productos.

We have been awarded the contract Se nos ha adjudicado el contrato.

We have learned about your company from Hemos tenido conocimiento de su empresa a través de.

We have sold out Se nos han agotado las existencias.

We haven't met for ages! Hacía tiempo que no coincidíamos!

We hope that you find the samples acceptable Esperamos que las muestras les resulten aceptables.

We hope to have been of help to you Confiamos en haberles sido de utilidad.

We look forward to hearing from you Quedamos a la espera de sus noticias.

We look forward to providing a personalised service Deseamos ofrecerles un servicio personalizado.

We must do something to increase our market share de mercado.

We must do something to increase our market share

Hay que hacer algo para aumentar nuestra cuota.

We must improve our competitive position Tenemos que mejorar nuestra posición competitiva.

We must make ourselves more competitive Tenemos que hacernos más competitivos.

We propose that Proponemos que.

We refer to Nos referimos a.

We regret not having replied earlier Sentimos no haber contestado antes.

We require more detailed information on your products Precisamos información más detallada sobre sus productos.

We see clearly the worsening in profits Vemos claramente el empeoramiento en los beneficios.

We should be very grateful if Les quedaríamos muy agradecidos si.

We suggest that you get in touch with Nos permitimos sugerirles que se pongan en contacto con.

We thank you for your letter dated Acusamos recibo de su carta de fecha.

We will be delighted to help you Estaremos encantados de atenderle.

We will be very happy to Tendremos mucho gusto en.

We will do all that we can Haremos cuanto esté en nuestras manos.

We will let you know by e-mail Se lo haremos saber por e-mail.

We will send you a sample on approval Le enviaremos una muestra a prueba.

We wish to inform you that Les comunicamos que.

We would appreciate your collaboration in Agradeceríamos su colaboración en.

We would be grateful for an early reply Les agradeceríamos nos contesten cuanto antes.

We would be grateful if you could send us your catalogue Les agradeceríamos nos enviasen su catálogo.

We would be interested in learning more about the

matter Nos interesaría disponer de más información sobre el asunto.

We would be willing to Estaríamos dispuestos a.

We would like to remind you that payment is overdue Nos permitimos recordarles que la factura ha vencido.

Weekday Día de la semana.

Weekly report Informe semanal.

Weigh up the pros and cons Sopesar los pros y los contras.

Well paid work Trabajo bien recompensado.

Well then Pues bien.

Well-attended conference Conferencia muy concurrida.

What do you make the answer? Qué solución tienes?

What else? Qué más?

What extent? Hasta qué punto?

What for? Para qué?

What I suggest is that Lo que sugiero es lo siguiente.

What is it about? De qué se trata?

What is your call about?

Cuál es el motivo de su llamada?

What makes you say that? Por qué dices eso?

What next? Y luego qué?

What time can I reach him? A qué hora puedo localizarle?

What time does he usually get to the office? A qué hora suele llegar a la oficina?

What time is the last flight to Miami? A qué hora sale el último vuelo para Miami?

What time shall I pick you up at the hotel? A qué hora le paso a recoger al hotel?

What we should not do is Lo que no deberíamos hacer es.

What's so strange about that? Qué tiene eso de extraño?

What's the area code for Miami? Cuál es el prefijo para llamar a Miami?

What's the best time to catch him? Qué hora es la mejor para localizarle?

What's the meeting about? Acerca de qué es la reunión?

What's the next item? Qué

asunto viene ahora?

What's the number to call a taxi? Cuál es el teléfono para llamar a un taxi?

What's the purpose of? Cuál es la intención de?

What's the right number? Cuál es el número correcto?

What's your name again? Cómo ha dicho que se llama?

Whatever happens Pase lo que pase.

Whatever is most suitable Según convenga.

When can I reach him? Cuándo puedo localizarle?

When comparing figures over two different quarters Al comparar las cifras de dos trimestres distintos.

When deciding on a strategy A la hora de decidir la estrategia.

When does it fall due? Cuándo expira el plazo?

When is it due? Cuándo expira el plazo?

When this period has elapsed Transcurrido este plazo.

When will he be available? Cuándo estará libre?

When you come to sell a product A la hora de vender un producto.

Where necessary Donde sea necesario.

While I was away Mientras estaba fuera.

While I was out Mientras estaba fuera.

While you're about it Ya que estás en ello.

White-collar work Trabajo de oficina.

White-collar worker Trabajador de oficina.

Who could give me information about? Quién podría informarme sobre?

Who could I speak to about this matter? Con quién podría hablar sobre este tema?

Who did you say you wanted to speak to? Con quién dijo que quería hablar?

Who else? Quién más?

Who for? Para quién?

Who is calling, please? Con quién hablo, por favor?

Who will they appoint to the post? A quién van a nombrar para el puesto?

Who's calling, please? De parte de quién, por favor?

Who's in charge? Quién es la persona encargada?

Wholesale Venta al por mayor.

Wholesale orders Pedidos al por mayor.

Wholesale price Precio de mayorista.

Wholesale trade Comercio al por mayor.

Wholesaler Comerciante mayorista.

Why not do it? Por qué no hacerlo?

Widen our client base Incrementar la cartera de clientes.

Will you bring us the menu, please? Puede traernos la carta, por favor?

Wish someone good luck Desear a alguien buena suerte.

With a view to doing something Con vistas a hacer algo.

With all due respect, I have to tell you that Con el debido respeto, debo decirle que.

With all specifications Con todas las especificaciones.

With due consideration Con conocimiento de causa.

With full authority Con plena autoridad.

With great pleasure Con mucho gusto.

With interest Con interés.

With no assistance Sin ayuda.

With no further comment Sin más comentarios.

With no further delay Sin más demora.

With no liability on our part Sin responsabilidad por nuestra parte.

With no obligation Sin compromiso.

With no result at all Sin resultado alguno.

With no time wasted Sin pérdida de tiempo.

With pleasure Con gusto.

With reference to our last telephone call Con referencia a nuestra última conversación telefónica.

With reference to your letter dated Con referencia a su carta de fecha.

With regard to Con respecto a / En lo relativo a.

With regard to salary expectations En lo referente a las pretensiones económicas.

With regard to that En

cuanto a eso.

With regard to turnover En cuanto a la facturación.

With relation to Con relación a.

With respect to the staff Por lo que respecta a la plantilla.

With several years' experience in the sector Con varios años de experiencia en el sector.

With the aim of Con el objetivo de.

With the exception of A excepción de.

With the future in mind Pensando en el futuro.

With the intention of doing something Con la intención de hacer algo.

With this aim Con este fin.

Within a month Antes de un mes.

Within five days En cinco días.

Within limits Dentro de unos límites.

Within reason Dentro de lo razonable.

Within the agreed time En el plazo acordado.

Within two months En el plazo de dos meses.

Without a break Sin interrupción.

Without any doubt Sin ninguna duda.

Without any result Sin resultado alguno.

Without anybody knowing it Sin que nadie lo sepa.

Without being asked Sin que le preguntaran.

Without damage Sin daño.

Without delay Sin demora.

Without difficulty Sin dificultad.

Without doubt Sin duda.

Without end Sin fin.

Without exception Sin excepción.

Without fail Sin falta.

Without further comment Sin más comentarios.

Without further delay Sin más demora.

Without haste Sin apresurarse.

Without help Sin ayuda.

Without hurrying Sin apresurarse.

Without interruption Sin interrupción.

Without knowing anything about it Sin saber nada de ello.

Without notice Sin previo aviso.

Without obligation Sin

compromiso.

Without paying off the debts Sin abonar las deudas.

Without previous warning Sin previo aviso.

Without saying another word Sin decir nada más.

Without success Sin éxito.

Without the slightest doubt Sin la menor duda.

Without warning Sin avisar.

Withstand the shock Resistir el golpe.

Wonderful to see you! Cuánto me alegro de verle!

Work against the clock Trabajar contrarreloj.

Work against time Trabajar contrarreloj.

Work an average of 12 hours a day Trabajar una media de 12 horas al día.

Work as a company director Trabajar de directivo en una empresa.

Work as a manager Trabajar en un cargo directivo.

Work as a publicity agent Trabajar de publicista.

Work as a team Trabajar como equipo.

Work as a translator Trabajar como traductor.

Work at full capacity Trabajar a pleno rendimiento.

Work every weekend Trabajar todos los fines de semana.

Work experience Perfil profesional.

Work for an employer Trabajar por cuenta ajena.

Work for money Trabajar por dinero.

Work for nothing Trabajar de balde.

Work for one's living Trabajar para ganarse la vida.

Work for someone Trabajar por cuenta ajena.

Work from home Trabajo desde casa.

Work full time Trabajar jornada completa.

Work half time Trabajar media jornada.

Work hard Trabajar mucho.

Work in a managerial capacity Trabajar en un cargo directivo.

Work in a team Trabajar en equipo.

Work in advertising Trabajar de publicista.

Work in an office Trabajar en una oficina.

Work in marketing Desempeñar tareas en la área de marketing.

Work in progress Trabajo en curso.

Work in research and development Trabajar en investigación y desarrollo.

Work in the banking sector Trabajar en el sector bancario.

Work on an hourly basis Trabajar por horas.

Work on engineering projects Colaborar en proyectos de ingeniería.

Work one's way up Subir en el escalafón.

Work oneself to death Matarse a trabajar.

Work out a problem Resolver un problema.

Work out the cost of something Calcular el coste de algo.

Work overtime Trabajar horas extras.

Work part time Trabajar a tiempo parcial.

Work reorganization Reorganización del trabajo.

Work round the clock Trabajar en tres turnos.

Work schedule Programa de trabajo.

Work shifts Trabajar por turnos.

Work team Equipo de trabajo.

Work the night shift Trabajar en el turno de noche.

Work week Semana laboral.

Work without getting paid Trabajar de balde.

Workers' strike Huelga de trabajadores.

Working breakfast Desayuno de trabajo.

Working day Día laborable / Día hábil.

Working documents Documentos de trabajo.

Working hours Horario laboral.

Working methods Métodos de trabajo.

Workplace discrimination Discriminación laboral.

Worry about something Preocuparse por algo.

Worse and worse Cada vez peor.

Would someone turn the lights down, please? Puede alguien bajar las luces, por favor?

Would you like me to pick you up at the hotel? Quiere que vaya a recogerle al hotel?

Would you like to leave a message? Quiere dejar un recado?

Would you put me through to? Me puede pasar con?

Wrap something up Envolver algo.

Write a letter to someone Escribir una carta a alguien.

Write a report Hacer un informe / Redactar un informe.

Write about something Escribir sobre algo.

Write an answer Contestar por escrito.

Write away for something Escribir pidiendo algo.

Write in figures Escribir en cifras (un número).

Write in the margin Escribir al margen.

Write numbers in words Escribir números en letra.

Write off for something Escribir pidiendo algo.

Write someone a letter Escribir una carta a alguien.

Write something down on a slip of paper Anotar algo en un pequeño papel.

Write something out in full detail Escribir algo con todo detalle.

Y

Yearly sales Ventas anuales.

You can consult our catalogue via Internet El catálogo se puede consultar en Internet.

You mustn't take it seriously No hay que tomarlo en serio.

You've been very kind Ha sido usted muy amable.

Young shoppers Jóvenes compradores.

Your latest catalogue Su catálogo actualizado.

Your order is ready for shipment El pedido está listo para embarcar.

Yours faithfully Se despide atentamente.

Yours sincerely Se despide atentamente.

Youth employment Empleo juvenil.